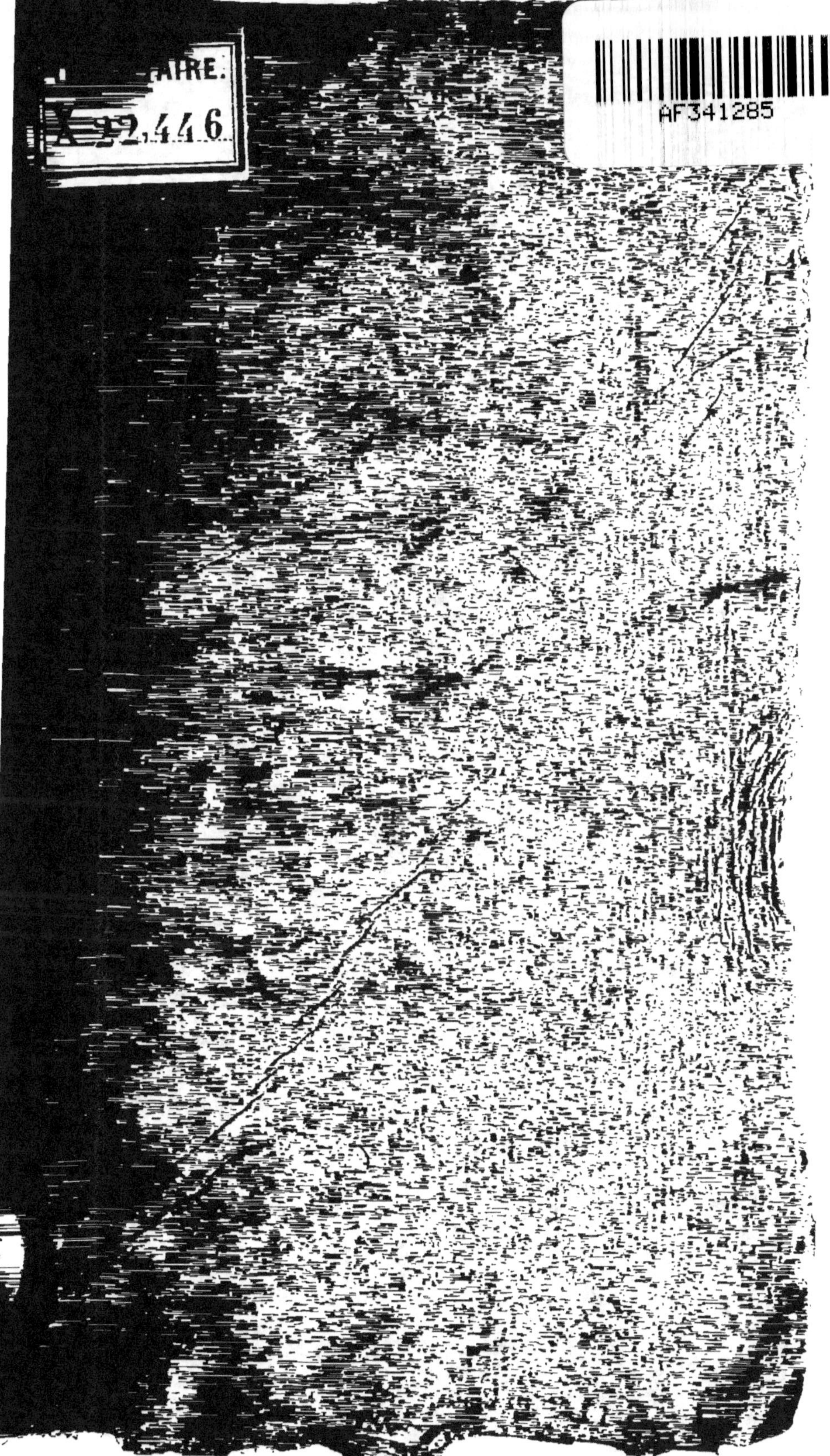
AIRE.
X 12,446
AF341285

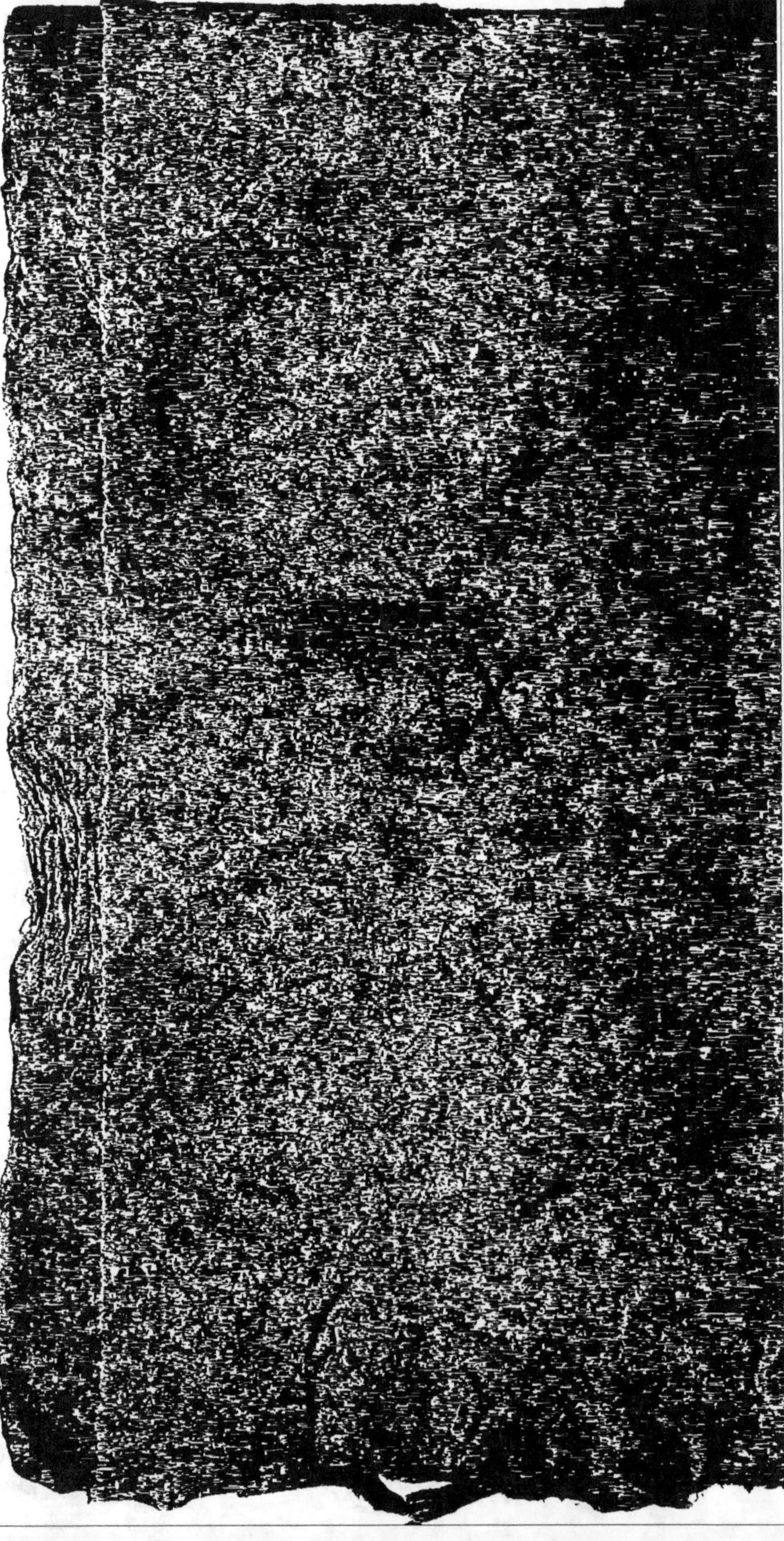

EXERCICES

AU NOMBRE DE DOUZE CENTS,

SUR LA CONSTRUCTION FRANÇAISE,

ET SUR TOUTES LES DIFFICULTÉS

DES PARTICIPES;

Le second des trois degrés d'analyse dont se compose le *Cours de Langue Française*,

PAR M. CHEMIN-DUPONTÈS,

Licencié, Professeur de Belles-Lettres, Maître de Langues, d'Histoire, de Géographie, etc.

SECONDE ÉDITION.

PARIS,

Chez l'Auteur, rue Saint-Denis, n. 279, près des Bains Saint-Sauveur.

1833.

Tous les exemplaires sont signés par l'auteur.

ANALYSE
DU SECOND DEGRÉ,

SPÉCIALEMENT CONSACRÉE

A

L'ORTHOGRAPHE DES PARTICIPES.

NOTIONS PRELIMINAIRES.

1. *Trois sortes d'analyse.*

Sans parler de l'analyse littéraire, il y a, pour bien connaître la partie grammaticale et la construction d'une langue, trois sortes d'analyse à faire :

1° Celle des mots (premier degré);

2° Celle des rapports que les mots ont entr'eux (second degré);

3° Celle des rapports que les phrases ou parties de phrases ont entr'elles (troisième degré).

La première, qui est l'analyse *grammaticale*, proprement dite, consiste à considérer chaque mot séparément, à dire à laquelle des dix espèces il appartient, et ses différentes modifications quand il est variable. C'est pour l'exercice de cette analyse qu'ont été rédigées nos phrases du premier degré, et les explications qui en sont la suite.

L'analyse des *rapports des mots* entr'eux consiste

à examiner le rôle que chaque mot remplit dans une phrase, comment il est amené par un autre mot, et en amène lui-même un autre. Dans cette phrase, *Jean a conduit Pierre en Italie*, il y a le nom de deux personnages qui jouent un rôle bien différent : *Jean* est celui qui fait l'action; *Pierre* est celui sur qui Jean agit. Jean, qui est l'acteur dans la phrase, s'appelle *le sujet*. Pierre, sur qui l'action se fait, est dit en logique l'*objet* de l'action exprimée par le verbe, et en grammaire, le *régime* ou *complément* de ce verbe. Le sujet *Jean* amène le verbe *a conduit;* ce verbe amène son régime *Pierre*. De plus, pour compléter le sens dans cette phrase, il faut dire où il l'a conduit..... *en Italie*. C'est ainsi que les mots d'une phrase s'amènent les uns les autres.

Les rapports les plus essentiels des mots entre eux, quant à la pratique, sont ceux de *sujets* et de *régimes*, et la connaissance de ces rapports sert principalement à l'orthographe des participes. Aussi cette dernière espèce de mots se retrouvera dans les nombreux exercices de ce second degré. Quelque importante que soit l'orthographe des participes, contre laquelle on ne peut pécher sans montrer son ignorance sur les principes de la langue, on acquiert, par cette analyse, un avantage plus précieux encore, savoir, la connaissance raisonnée des règles du langage, de l'enchaînement des idées, de la marche et de la construction des phrases.

Comme on le voit, l'analyse du second degré est déjà un commencement d'analyse *logique*. Celle du troisième degré a tout-à-fait ce caractère. Elle fortifie le raisonnement; elle enseigne, non plus seulement à bien construire des phrases isolées, mais à les lier et à les coordonner de manière qu'elles présentent à l'esprit un ensemble satisfaisant. Elle conduit à une bonne ponctuation, signe certain qu'on a bien saisi les rapports qui sont l'objet de cette analyse.

II. *Construction, et figures de construction.*

Des mots arrangés de manière à former un sens, forment une phrase. L'arrangement de ces mots s'appelle *construction*.

La construction peut être *simple*, c'est-à-dire que les mots peuvent être rangés dans l'ordre naturel des idées. Cette phrase « Un bon fils aime son père » offre une construction simple. Le sujet *un bon fils* se présente d'abord ; ensuite vient le verbe *aime* ; puis l'objet sur lequel tombe le sentiment d'aimer, ce qu'on appelle le *régime*.

La construction figurée est celle qui sort des règles de la construction simple. On s'écarte de ces règles de quatre manières, qu'on appelle *figures* ; et c'est ce qui a fait donner à cette sorte de construction, le nom de construction *figurée*.

Les quatre figures de construction sont l'*ellipse*, le *pléonasme*, la *syllepse*, l'*hyberbate* ou *inversion*.

Ellipse signifie *manque*, ou *omission*. Il y a ellipse toutes les fois qu'on supprime un ou plusieurs mots qui seraient nécessaires pour la régularité de la construction grammaticale, mais que la pensée supplée aisément. Dans cette phrase « Il est plus laborieux que vous » il y a ellipse ; *que vous* est pour *que vous n'êtes laborieux*. L'usage de l'ellipse est très fréquent.

Pléonasme signifie surabondance ; c'est le contraire de l'ellipse. Il y a pléonasme quand on emploie un ou plusieurs mots superflus pour l'intelligence du sens. Dans la phrase « Je l'ai vu de mes propres yeux », *de mes propres yeux* est un pléonasme ; car ces mots sont superflus pour le sens ; mais ils donnent plus de force à la phrase. Il y a des pléonasmes vicieux, il y en a de bons.

Syllepse signifie *compréhension*, c'est-à-dire que par cette figure on s'exprime d'après le sens dont l'esprit est frappé, plutôt que d'après les règles grammaticales. « La plupart des hommes sont aveugles » est une syllepse. *La plupart*, présentant à l'esprit l'idée d'un pluriel, amène le verbe et l'adjectif au pluriel, quoiqu'il ait la forme d'un singulier.

L'*Hyperbate* ou *inversion*, est une figure par laquelle on renverse l'ordre naturel de la construction simple. Ce vers

A tous les cœurs bien nés que la patrie est chère !

offre l'exemple d'une inversion. En effet, l'ordre naturel des idées exigerait que l'on commençât par le sujet *que la patrie*, ensuite le verbe *est*, puis l'adjectif *chère*, puis enfin le complément de l'adjectif *à tous les cœurs bien nés*. Les inversions sont d'un grand usage dans la poésie.

On trouvera dans l'analyse du second degré, de fréquentes occasions d'appliquer ces notions simples sur les figures de construction.

III. *Principes de l'analyse du second degré.*

Tout mot qui est amené (*régi*) par un autre pour en compléter le sens, pourrait être appelé *régime* ou *complément* de ce premier mot. Ainsi, dans ces phrases « Je veux étudier, tu commences à travailler, il est indigne de vivre, » on pourrait dire que *étudier*, *à travailler*, *de vivre*, sont régimes de *veux*, *commences*, *indigne*.

Par analogie, on pourrait encore dire qu'une phrase liée à une autre phrase par une conjonction, et qui en complète le sens, est régime de cette première phrase, comme la phrase *que vous veniez* après *je désire.*

Mais pour simplifier, et pour nous en tenir à ce qu'exige l'orthographe des participes, nous ne chercherons des régimes que dans les noms ou pronoms, sauf, plus tard, à nous servir du mot de *complément* pour les phrases ou parties de phrases qui complètent le sens d'une autre.

Mots qui ont des régimes.

1° Les verbes : je donne... l'aumône, rég. de *donne.*

2° Les noms ; ce sont d'autres noms qui leur sont unis par *de :* l'obscurité... de la nuit, rég. d'*obscurité.*

3° Certains adjectifs : porté... à la colère, rég. de *porté.* — Digne... de récompense, rég. de *digne.*

4° Les prépositions : dans... le jardin, rég. de la préposition. — Avec... son ami, *idem.* — Pour... vous, *idem.* — Chez... lui, *idem.*

5° Les adverbes de quantité : beaucoup... de livres ; rég. de *beaucoup.* — Peu... d'argent, rég. de *peu.* — Assez... de vin, rég. d'*assez.*

Puisque nous n'appelons régimes que les noms ou pronoms, il faut analyser les autres espèces de mots comme dans le premier degré, sauf à abréger.

IV. *Différentes espèces de régimes.*

Il n'y a de régimes à distinguer que pour les verbes. Analysez donc les régimes des noms, des adjectifs, des prépositions, et des adverbes de quantité, comme nous venons de le faire.

Quant aux verbes, il faut distinguer les rég. directs, et les rég. indirects. (Voyez dans notre

grammaire élém. le chapitre des *Régimes des Verbes.*)

Les régimes indirects ne sont exprimés que par les prépositions *à* ou *de.* Ainsi, quand il y a une autre préposition à la suite du verbe, comme *je voyage en Allemagne,* il est inutile pour le moment de chercher le rapport de *en Allemagne* avec *voyage.* Pour simplifier, et pour ne pas être obligé de chercher dans des cas semblables, des rapports très nombreux et très variés, contentez-vous de dire : *En,* prép. ; *Allemagne,* rég. de la prép.

Remarquez que les régimes marqués ci-dessus sous les n° 2°, 3° et 5°, sont des noms précédés des mêmes prépositions *de* ou *à.* C'est par imitation de l'analyse des rég. indir. des verbes, et peut-être aussi parce que ces prépositions, très courtes, paraissent lier plus intimement que d'autres, les mots qui les suivent, avec ceux qui les précèdent.

Ainsi, en général, analysez *de* ou *à* avec le mot qui le suit, et analysez séparément toute autre préposition, et le mot qui dépend d'elle, comme à l'alinéa précédent *en Allemagne.* Vous vous épargnerez beaucoup d'embarras. Voyez, plus loin, au chap. des passifs, ce qui est dit pour les régimes de ces sortes de verbes.

Si, au rég. indir. d'un verbe, il y avait toujours *de* ou *à,* l'analyse de ce régime serait bien facile. Mais les pronoms personnels, *me, te, se, nous, vous,* se plaçant avant le verbe, ne sont pas accompagnés de la préposition *à,* lors même qu'ils sont régimes indirects. Il faut donc les mettre après le verbe, pour essayer si le sens exige ou n'exige pas *à.* Ainsi, dans ces phrases : « Il m'a recommandé à mon chef, » mettez *me* après le verbe, vous serez obligé de dire : Il a recommandé moi. *Me* est donc régime direct. Si au contraire vous avez :

« Il m'a recommandé de bien faire mes devoirs , » il faudra dire : Il a recommandé à moi. Ici *me* est rég. indirect. Il y a lieu de faire le même essai sur *te*, *se*, *vous*, *nous*.

Il n'en est pas de même des pronoms de la troisième personne , *le*, *la*, *lui*, *leur*. *Le* et *la*, avec des verbes actifs, sont toujours rég. directs. *Il l'a prié* ou *priée*, signifie *il a prié lui* ou *elle*. S'il faut un rég. indirect, on met *lui* au sing. , *leur* au pluriel. *Il lui a donné*, *il leur a donné un livre* , signifient *il a donné à lui* ou *à elle*, *il a donné à eux* ou *à elles*.

Quand *y* et *en* remplacent des noms , ils sont également rég. indirects. *Y* se met en parlant de choses, pour *à lui*, *à elle*, *à eux* , *à elles*, dont on ne se sert que pour les êtres animés. *En*, a le même emploi ; mais il exprime le rég. indirect par *de*, au lieu de *à*. Ainsi , en parlant d'une affaire , *j'y donnerai mes soins* , veut dire *je donnerai mes soins à elle* (à cette affaire) ; *je m'en occuperai*, signifie *je m'occuperai d'elle*.

V. *Circonstances.*

Quand un nom ou pronom n'est ni sujet, ni rég. direct ou indir. , il est *circonstance*. Les principales circonstances sont celles de manière, de temps et de lieu. Quand on dit « je voudrais de tout mon cœur, » il est évident que *de tout mon cœur* n'est pas un rég. indirect , quoiqu'il y ait la préposition *de*. On ne pourrait le répondre à la question *de quoi* ; il répond à la question *comment*. Comment voudrais-je... de tout mon cœur , c'est-à-dire fortement. C'est donc une circonstance de manière.

Si l'on dit « je demeure à Paris » , *à Paris*,

n'est pas non plus un régime indirect, puis qu'il ne répondrait pas à la question *à quoi*. La question à faire pour amener cette réponse, serait *où* (dans quel lieu) demeurez-vous? C'est donc une circonstance de lieu.

« J'ai demeuré deux ans à Marseille ». *Deux ans* ne peut être un rég. direct, puisque *demeurer* est neutre. On ne pourrait demander qu'est-ce que vous avez demeuré? la question à faire serait *pendant combien de temps*. C'est donc une circonstance de temps. Cette circonstance dans la phrase citée, exprime la durée. Dans une phrase où elle exprimerait l'époque, on demanderait *quand*. «Nous irons la semaine prochaine à la campagne.» Quand irons-nous? R. *la semaine prochaine*, circonstance de temps. *A la campagne*, circonst. de lieu.

Il y a des circonstances d'instrument : frapper de l'épée. *De* signignifie ici *avec*. Avec quoi frappe-t-on? R. Avec l'épée. — Des circonst. de prix. Cette maison s'est vendue vingt mille francs. D. Combien s'est-elle vendue? — Des circonst. de cause : il est mort de chagrin. Quoiqu'on puisse demander de quoi est-il mort, ce n'est pas un rég. indirect. Le sens de ce *de quoi* est par quoi ou par quelle cause.

On pourrait ainsi trouver des circonstances dans tous les noms précédés d'une préposition, et cela exercerait le raisonnement. Mais comme le but principal de cette analyse est l'orthographe des participes, ne cherchez de circonstances que pour le nom qui est sans préposition, afin de ne pas le prendre pour un régime direct, et pour celui qui est avec une des deux prépositions *de* ou *à*, afin de ne pas le confondre avec un rég. indirect. Lorsqu'il y a toute autre préposition, nommez la préposition séparément, et le nom ou pronom qui la suit, comme en étant le régime, ainsi que nous l'avons dit § IV.

Un nom qui se rapporte à un autre nom comme s'il en était l'adjectif, s'appelle *circonstance quali-ficative*, ou, pour abréger, *qualification* de ce nom. Paul, peintre. *Peintre*, qualific. de *Paul*. C'est la même analyse s'il y a un verbe entre deux : « Paul est peintre, Paul est devenu peintre, est mort peintre. » Les noms ainsi placés sans préposition après le verbe substantif *être*, et après les verbes passifs et neutres, sont en général des qualifications. Il est facile de juger s'ils expriment des qualités. Ils répondent ordinairement à la question *qu'est-ce que*. D. Qu'est-ce que Paul est ? qu'est-ce que Paul est devenu ? R. Peintre. Mais ils ne sont pas des rég. directs, puisque les verbes ne sont pas actifs.

Nous venons de voir que la qualification est sans préposition. Il y a des noms accompagnés de la préposition *de* ou *à*, qui expriment également des qualités, mais comme variantes d'un adjectif ou d'un participe. Ainsi les locutions, de courage, de bon sens, d'esprit, à la suite d'un nom, ne sont que des variantes des adjectifs *courageux*, *sensé*, *spirituel*; une terre à blé signifie une terre produisant du blé. Pour ne pas confondre ces locutions avec les qualifications, qui sont sans préposition, et qui *modifient* l'idée du nom comme si c'était un adjectif, appelez-les *circonstances modificatives*.

VI. *De certains régimes directs.*

Dans quelques cas, le régime, quoique accompagné de la préposition *de*, n'en est pas moins direct. « Il a de l'inquiétude, du chagrin, donnez-moi du pain, du vin. » Dans ces phrases, *de* signifie *quelque*, *une partie de* : il a quelque inquiétude, quelque chagrin, donnez-moi une partie de pain, de vin. Ces noms sont rég. directs, puisqu'on les répond bien à la question *qu'est-ce que* sur des verbes actifs. Mais ils n'expriment les objets que d'une manière vague, indéterminée, sans dire si c'est un grand ou un petit chagrin, une grande ou une petite inquiétude, et quel est ce chagrin, quelle est cette inquiétude, si c'est une forte ou une faible partie de pain, de vin. Dans ces deux phrases, donnez-moi du pain, donnez-moi le pain, le nom *pain* est également rég. direct, mais avec la différence notable que par la première on demande un morceau de pain, et par la seconde, le pain entier. Appelez ces sortes de rég., *rég. dir. indéterminés.*

Quand après *pas* ou *point* il y a un nom, ce nom est avec *de* : « Je n'ai pas d'argent. » Il y a ici rég. direct; car on répond très bien *pas d'argent* à la question *qu'est-ce que j'ai?* Mais le rég. n'est pas dans le nom seul; il est dans *pas d'argent*, qui signifie aucun argent. « Je n'ai plus d'argent. » Ici, *plus* n'est pas adverbe de quantité comme dans la phrase : « J'ai plus d'argent que vous, » où *plus*, adv. de quantité, représentant *une plus grande quantité*, est rég. direct, et *d'argent*, rég. de plus. Il est adv. de temps; il indique que j'avais autrefois de l'argent, et que *actuellement* je n'en ai pas. On ne peut donc appeler ce *plus* rég. direct : on dira simplement *plus*, adv. de temps. *D'argent*, quoique avec *de*, est rég. direct, parce que l'usage le construit avec *plus* dans ce sens, comme avec *pas*, qu'il remplace, comme s'il y avait « je n'ai actuellement pas d'argent. »

Ces premières notions suffisent pour l'analyse

du deuxième degré. Quand il se présentera des cas particuliers, nous les éclaircirons par des notes.

EXERCICES D'ANALYSE

SUR LES SUJETS, LES RÉGIMES ET LES CIRCONSTANCES, D'APRÈS LES PRINCIPES CI-DESSUS EXPOSÉS.

VII. *Chap.* IV *du* 1ᵉʳ *degré, sur le verbe* AVOIR.

Nota. Nous nous servons pour ce premier exercice, des phrases du premier degré, qui contiennent des régimes, c'est-à-dire, à commencer du chap. IV, sur le verbe *avoir*. Il en résulte plusieurs avantages : 1º celui de faire repasser d'une manière rapide et abrégée le premier degré, dont la parfaite connaissance est bien essentielle pour que l'on fasse le second avec facilité ; 2º celui d'exercer l'élève sur le second degré, avec des phrases qu'il counait déjà, et de le préparer par cet exercice à l'application de cette même analyse à l'orthographe des participes ; 3º de lui présenter un très grand nombre d'exercices sans grossir le volume. En effet, nous ne citerons la plupart de ces phrases qu'en indiquant le numéro, sauf à faire des remarques particulières sur celles qui en exigent.

1. D. Qui est-ce qui a la fièvre ? R. *mon frère*, sujet de *a*. — *A*, prés. actif. — D. Qu'est-ce que mon frère a ? — R. *la fièvre*, régime direct de *a*.

Vous voyez que cette analyse est rapide et abrégée, comme nous l'avons dit. 1º On n'indique plus le nom séparément, parce qu'on a appris à le connaître dans le premier degré ; on en cherche seulement l'emploi. 2º Si l'adjectif est à côté du nom, on le joint dans son analyse avec ce nom, sans le mentionner particulièrement. 2º On ne dit plus la personne et le nombre du verbe, ni l'infinitif, ni même le mode quand c'est un indicatif. Il est convenu d'avance avec l'élève, que lorsqu'il ne dit pas le mode, c'est qu'il juge que le temps est à l'indicatif. Aussi, quand ce sera un autre mode, il aura soin de l'indiquer. Mais il doit toujours dire le temps, parce qu'on ne le connaît jamais trop bien, et que d'ailleurs cela n'est pas long, et surtout l'espèce du verbe, s'il est actif, passif, neutre, pronominal ou impersonnel. Sans cela on n'entendrait rien à l'analyse des régimes.

Dans cette première phrase, nous faisons pour trouver le sujet, la demande entière : Qui est-ce qui a la fièvre ? Mais lorsque l'élève sera un peu exercé, il suffira qu'il n'ajoute que le verbe à la formule interrogative *qui est-ce qui* : qui est-ce qui a ? Il est bien entendu qu'il est inutile de mettre dans cette question les adverbes et les circonstances qui seraient jointes au verbe. L'élève doit s'accoutumer à simplifier les questions le plus qu'il est possible, afin de se les rendre familières, et pour que la réponse soit plus facile. Quant à la question pour trouver le régime, il faut nécessairement y faire entrer le sujet : Qu'est-ce que mon frère a ? Employez toujours la formule *qu'est-ce que*, et non *quoi*, qui pourrait souvent vous induire en erreur. Le nom ou le pronom que vous répondrez raisonnablement *sur un verbe actif*, sera bien certainement un régime direct.

Nous avons dit : *Mon frère*, sujet de *a* ; *la fièvre*, rég. dir. de *a*. Cela est bon pour les premiers exercices. Plus tard, il suffira de dire, *sujet*, *rég. dir.* ou *indir.*, lorsque les sujets et les rég. seront à côté de leurs verbes. Il faudra nommer le verbe, quand il y en aura plusieurs, ou que, soit les sujets, soit les rég., en seront séparés par d'autres mots.

2. Comme le nº 1.

3. D. **Qui est-ce qui avait ?** — R. *Je* (ou moi), sujet. — *Avais*, imparf. actif. — D. Qu'est-ce que j'avais ? — R. *Une bonne santé*, rég. dir. — D. Quand avais-je une bonne santé ? — R. *L'année dernière*, circonstance de temps.

Nous faisons pour cette première fois la demande sur *je*. Mais comme les pronoms *je*, *tu*, *il* ou *elle*, *ils* ou *elles*, sont toujours sujets, ainsi que *nous*, *vous*, lorsqu'ils amènent le verbe, l'un, à la première personne du pluriel, et l'autre, à la seconde, on peut dire sur ces pronoms, ujet, sans faire la question, d'autant plus que, même dans l'analyse du premier degré, pour préparer les élèves à connaître les sujets, nous lui faisons appeler ces sortes de pronoms, *sujets*, lorsqu'ils ont été bien exercés à les appeler pronoms de la 1ʳᵉ, de la 2ᵉ pers., etc.

4. Comme le n° 3.

5...(Les trois points indiquent, comme dans l'explication du 1ᵉʳ degré, que nous passons des mots qui doivent être analysés par l'élève. Il en sera de même quand nous passerons des phrases entières.) — *Une maladie bien dangereuse*, rég. direct, l'adjectif au superlatif absolu.

Lorsque l'adjectif a quelque chose d'extraordinaire, comme lorsqu'il est au comparatif ou au superl., il faut, tout en le joignant pour la désignation de l'emploi, au nom à côté duquel il se trouve, dire quelle est cette modification particulière.

6...7 et 8... Les adjectifs de ces deux dernières phrases comme au n° 5.

9. *Je, suj.*— Eus, parf. déf. act. — *Peur*, rég. dir.—D. Peur de quoi? — R. *Du bruit*, rég. de *Peur*. — *Que*, pron. conj. remplaç. bruit, rég. dir. de j'entendais... *dans*, prép. — *la forêt*, rég. de la prép.

Voy. § III, ce que nous avons dit pour le nom lié à un autre nom par la prép. *de*, et qui est régime de ce nom.— *Que*, pron. et rég., dépend toujours du verbe qui le suit. En effet *que j'entendais* signifie ici *j'entendais du bruit*.

10. Comme n° 9.

11. *Qui*, pron. conj. remplaç. frisson, suj. de faisait trembler.—*Lui* pour *à lui*, rég. ind.—*Faisait trembler*, imparf., deux verbes employés comme un seul actif...

Qui, sans prép., est toujours sujet du verbe qui le suit. — Le verbe *faire*, suivi d'un infinitif, actif ou neutre,

Second degré.   2

est, pour le sens, inséparable de cet infinitif, et s'analyse en conséquence suivant le modèle que nous venons de donner, en indiquant le temps du verbe *faire*, et ajoutant que les deux verbes sont employés comme un seul actif. C'est le seul verbe dans ce cas, sauf les v. *être* et *avoir*, lorsqu'ils sont employés comme auxiliaires. On verra par la suite qu'il est important de le considérer ainsi pour l'orthographe du participe *fait*, suivi d'un infinitif. Aussi ces deux verbes réunis peuvent être traduits par un seul. Faire trembler, c'est agiter ; faire mourir, c'est tuer ; faire dormir, c'est endormir, etc.

12... 13... *Tranquille*, adjectif de *je*. (Ici on analyse l'adj., parce qu'il n'est pas à côté du pron. auquel il se rapporte. Il faut toujours dire à quoi se rapporte un adj. qui n'est pas à côté de son nom.) — *Parce que*, conj. composée. (Les mots invariables s'analysent comme dans le premier degré.)

14... *Rassurés*, partic. passif, adj. de *nous*. (Même motif que pour l'adj. *tranquille*. Les partic. passifs et ceux des neutres qui se conjuguent avec *être*, ont le même emploi que les adj., et sont soumis à la même règle d'accord.)

15... 16... 17... *Me*, pour *moi*, rég. dir. — *Me flattais*, imparf. pronominal.

Attendu qu'il est très important de distinguer dans ces sortes de verbes, si le pronom est rég. dir. ou indir., il faut l'analyser séparément, après avoir essayé, en le plaçant après le verbe, s'il veut dire *moi* ou *à moi*, et ensuite le joindre au verbe, auquel il donne un caractère particulier, celui de pronominal, tandis que *flattais*, analysé seul, devrait être appelé actif.

18, comme 17. — 19... *Viendras*, fut. neutre. 20... 21... D. Où viendrais-tu ? — R. *A la campagne*, circonst. de lieu.

La question *à quoi*, pour amener la réponse *à la campagne*, n'aurait pas de sens. Ce n'est donc pas un rég. in-

(19)

dir., quoiqu'il y ait la prép. *à*. Il y a une grande différence pour le sens, quoique la construction soit la même,
entre ces deux phrases : J'ai vendu mon blé à Pierre, et
j'ai vendu mon blé au marché. *A Pierre* répond à la question *à qui ai-je vendu?* C'est un rég. indir.; mon blé est
allé à Pierre. C'est ce qu'exprime ordinairement le rég.
indir. par *à*, l'objet auquel passe le sujet. C'est le datif
des Latins, qui signifie *cas d'attribution*. Ce n'est pas le
marché qui a eu mon blé. *Au marché* signifie *dans le marché*. La vraie question à faire, c'est où *ai-je vendu?* C'est
une circ. de lieu.

22... *Vous promener*, pour *promener vous*.
Vous, rég. dir. — *Vous promener*, prés. infin.
pronominal.

23... *Le*, pron. rempl. un prix, rég. dir.

24... 25... *Ce*, pron. démonst. rég. dir. — *Que*,
pron. conj., rempl. *ce*, rég. dir. de *commande*.
— *On*, pron. indéfini, suj. (*On* est toujours sujet.) — *Te* pour *à toi*, rég. ind. (*Que* est toujours
pron., étant immédiatement à la suite de *ce*. Cette
phrase contient deux phr. grammaticales, qui signifient en remplaçant le *que* : on te commande
cela, aie le courage de faire cela.)

26... *De faire*, pron. infin. actif. (Il n'est pas
nécessaire de chercher pour les verbes s'ils sont
rég., § III : il faut dire leur temps, leur mode,
quand ils ne sont pas à l'indic., et leur espèce. Les
petites prép. *de et à*, qui sont devant les infinitifs,
et qui servent à ceux-ci de liaison avec le mot précédent, se joignent dans l'analyse avec ces infinitifs.) — D. Qu'est-ce que vous faites? — R. *Vos
devoirs*, rég. dir. (On ne peut pas faire de question avec un impératif, un subjonctif, un infin-
tif et un participe, seuls. On questionne en mettant
le verbe à un temps quelconque de l'indicatif, avec
un pronom à volonté pour sujet : Qu'est-ce que je

fais, qu'est-ce que vous faites ; qu'est ce qu'on fait, etc.)

27... *Que*, pron. conj. rempl. *maux*, rég. dir. d'empêcher. (Lorsqu'il y a deux verbes, il est important de savoir duquel des deux le régime dépend. Pour s'assurer que le pronom *que* est rég. d'*empêcher*, et non de *pouvons*, je demande, suivant la note du n° 26 : Qu'est-ce qu'on empêche ? R. Les maux. Si la réponse n'allait pas au second verbe, on s'adresserait au premier. Elle s'est laissée aller à la paresse. On ne peut demander *qu'est-ce qu'elle va*, le verbe étant neutre. On demande donc *qu'est-ce qu'elle a laissé* ? R. *Elle : se* pour *elle*, rég. dir. de *a laissée*. Pour bien analyser les rég. des pronominaux, il faut remplacer *être* par *avoir*.

28... D. De qui as-tu un bon satisfait ?

R. *De ton maître*, rég. ind. (Ici, *de ton maître* n'est pas rég. de *satisfait*, à la suite duquel il est ; car ce n'est pas le satisfait de ton maître que tu as, c'est de lui que tu le tiens. On ne donne pas de satisfait au maître, c'est lui qui le donne. Quand il y a deux *rég.* de suite, il faut bien que l'un soit avant l'autre : il faut alors consulter le sens. On aurait pu dire que tu aies de ton maître un bon satisfait.)

29... D. Lettres de quoi ? R. *De recommandation*, rég. de *lettres*. (Ici, *de recommandation* est bien amené (régi) par *lettres*, et non par le verbe. Il en est donc grammaticalement le régime. Mais il est plus logique de dire *circonst. modificative*, § V ; car ce nom avec la prép. remplace un adj., comme s'il y avait *des lettres recommandatives*.)

30. *Il faut*, prés. impers. (On ne dit pas ici *il*, suj. ; car c'est un sujet fictif, qui ne remplace aucune personne ni chose déterminée, et qui est seu-

lement ici comme signe de l'impersonnel. Le bon moyen de reconnaître cette sorte de verbe, est d'essayer si à la place de *il* on peut mettre le nom d'un objet déterminé. C'est ce qui a fait appeler ce verbe *impersonnel*, c'est-à-dire verbe où *il* ne remplace pas le nom d'une personne, dénomination qui vaut mieux que celles qu'on a voulu lui substituer, comme nous l'avons expliqué dans notre grammaire.

31... 32... *Beaucoup*, adv. de quantité, rég. dir. — D. Beaucoup de quoi? R. *De plaisir*, rég. de *beaucoup*.

Les adv. de quantité, représentant des noms, peuvent être sujets ou régimes, comme le seraient les noms qu'ils représentent, et ont eux-mêmes des régimes avec *de*. Beaucoup, peu, assez, plus, moins, trop d'argent, etc., signifient une grande, une petite, une assez grande, plus grande, moins grande, trop grande quantité d'argent. Nous verrons plus tard que pour l'orthographe des participes, les adv. s'analysent comme adj. avec le nom qui est leur régime. Pour le moment, et pour bien connaître leur construction grammaticale, il est bon de les analyser séparément. Remarquez qu'ils ne sont adv. de quantité qu'autant qu'on peut y substituer le mot quantité avec un adjectif. Au n. 2 du chapitre suivant, je l'aime beaucoup, en parlant de la danse, *beaucoup* n'est pas adv. de quantité; il est adv. de manière, comme s'il y avait *grandement*, *fortement*, etc.

33... 34... *Plus*, adv. de quant., rég. dir. — Plus de quoi? R. *D'argent*, rég. de *plus*. — *Avant* de deux prép. empl. comme une seule. — *Partir*, présent infin. n.

35... *De fidèles associés*, pour *des associés fidèles*, rég. dir.

36... 37. *Il eût fallu*, pour *il aurait fallu*, passé conditionnel impers. (Ce n'est pas ici un plusquep. subjonctif. Quand il n'y a pas devant un *que* et un verbe ou autre mot qui veut le subj., essayez si à la place de *eût*, le sens exige *aurait*.) — *D'honnêtes gens*, pour *des gens honnêtes*, rég. dir.

38... 39... 40... 41. *Plût*, imparf. subj. n. employé impersonnellement. (Ici, il n'y a pas même le suj. fictif *il*. C'est que la phrase est elliptique ou abrégée. C'est pour *je voudrais qu'il plût*)... *Plus*, adv. de quant., rég. dir. — De présence, rég. de plus... *L'esprit*, rég. de présence. (Nous passons les questions; mais l'élève doit longtemps se les faire, jusqu'à ce qu'il y soit bien familiarisé. C'est par là qu'il se rendra cette analyse facile.)

42... *Vous n'en aurez pas*, pour *vous n'aurez pas de prix. Vous*, suj. — Ne, partic. nég. — *Aurez*, fut. act. — D. Qu'est-ce que vous aurez? R. *Pas de prix*, rég. dir. (V. § VI, pour les *de* après *pas*.)... *Davantage*, adv. de manière. (Il n'est pas ici adv. de quant. Note du n° 32. Remarquez que cet adv., lors même qu'il est de quantité, ne veut pas de nom à sa suite avec *de*. Il ne serait pas français de dire donnez-moi davantage de pain. Il ne peut être accompagné que du pronom *en*, remplaçant le nom d'un objet précédemment désigné : en parlant de pain, donnez-m'en davantage. On ne peut non plus le faire suivre de *que*, comme *plus*, *moins*, etc.)

43... *Se repent*, pour *repent soi. Se*, rég. dir. — *Se repent*, prés. pronomin. (C'est pour abréger qu'on dit ici *se*, rég. dir. On devrait dire *employé comme rég. dir.* Car *se repentir* est un verbe rigoureusement pronominal, puisqu'il n'est français que sous cette forme. On ne repent pas quelqu'un. Cependant *se* est employé comme s'il était vraiment rég. dir. C'est une hardiesse de la langue, dont on rend un compte aussi satisfaisant qu'il est possible , en disant qu'il est employé comme rég. dir. Dans ces sortes de verbes , *se* ne peut signifier que *se* ou *à soi*. Il faut pour l'orthographe des participes dans les temps composés, comme dans *elle s'est repentie*, choisir entre ces deux régimes. Quand *se* ne signifie pas évidemment *à soi*, il est censé signifier *soi*, ou *lui*, *elle*, *eux*, *elles*, si le suj. est déterminé. Voilà pourquoi on écrit *repentie*, comme si la phr. signifiait positivement *elle a repenti elle*. Il en est de même de *s'abstenir*, *s'emparer*, *se moquer*, *se souvenir*, et de tous les vrais pronominaux, les autres, comme *se flatter*, *se louer*, *se blesser*, etc. , n'étant qu'*employés pronominalement*.)

44. *Ayant*, partic. prés. act. — *L'amour*, rég. dir. (On demande : Qu'est-ce que vous avez ? Note du n° 26.)

45. *De vous*, rég. de soin.

46. *Quelle heure*, rég. dir. — *Vous*, suj. — *Avez*, prés. act. (La phr. est interrogative. On ne peut faire la question avec l'adj. *quelle*. On demande *qu'est-ce que vous avez?* Puisqu'on répond raisonnablement *l'heure*, *quelle heure* est évidemment rég. dir. , l'adj. suivant le sort de son nom.)

47... 48. *Vous*, suj. , *auriez*... (On commence par analyser le suj. avant le verbe, quoiqu'il soit après dans la phrase, à moins que la construction ne permette pas de le placer le premier , comme au n° 46. On ne pourrait dire *vous avez quelle heure*. Encore, dans ce cas, avant de parler ou d'écrire, on cherche par la réflexion le sujet et le régime : Qui est-ce qui a?—R. Vous. —Qu'est-ce que vous avez?— R. L'heure. On dit alors : *Quelle heure* , rég. dir. — *Vous*, suj. — *Avez*...)

49. *Quiconque*, pron. indéfini, double , signi-

fiant *tout homme qui. Tout homme*, suj. de *a le bonheur. — Qui*, suj. de *a la sagesse.*

VIII. *Chap. V du* 1ᵉʳ *dég., v. de la* 1ʳᵉ *conjug.*

1. *Vous*, suj. Note du n° 48, pag. 23. — Ai-miez...

2. *La*, pron. rempl. *la danse*, rég. dir... *Beaucoup*, adv. de manière. Note du n° 32, pag. 22.

3... *Aimons et estimons*, prés. des v. act. aimer et estimer. (Quand deux mots sont liés par *et, ni, ou*, et qu'ils appartiennent à la même espèce, on les analyse ensemble, à moins qu'ils n'aient un emploi différent, ce qui est rare.

4... *A chasser*, prés. infin. act. N° 26. — *Depuis*, prép. — *Le matin*, rég. de la prép. — *Jusque*, conj. — *Au soir*, circ. de temps. (*Depuis le matin* est logiquement une circ. de temps comme *au soir*. Mais d'après le § V, nous n'analysons comme circ. que les noms sans prép., ou avec les prép. *de* et *à*.)

5, 6, 7, 8... *Nous* pour *nous*, rég. dir. — *Nous promenâmes... à*, prép., la douce clarté, rég. de la prép. (Ici nous analysons *à* séparément, parce qu'il amène une de ces circonstances qu'il serait difficile aux élèves, et que d'ailleurs il est peu important de qualifier. On pourrait dire que c'est une circ. de position.

10... *Malade*, adj. de *qui*. N. du n° 13, p. 18.

11... 12... *Se* pour *eux*, rég. dir. — Se promenaient... (Il ne faut dire *soi* que lorsque le sujet du v. est indéterminé, comme *on, chacun, il* impersonnel. En effet *soi* n'indique pas s'il y a sing. ou plur., masc. ou fém. Quand le sujet est déterminé, il faut mettre à la place de *soi, lui, elle, eux* ou *elles*, suivant le sens. On voit sur-le-champ comment il faut écrire le participe lorsque *se* est rég. dir. d'un temps composé. Dans *ils se sont promenés*, le partic. prend *s*, parce que *se*, remplaçant *eux*, est rég. dir. placé avant le verbe.)

13, 14... 15... *Se* pour *soi* (Note ci-dessus.), rég. dir. — *Il s'éleva*, parf. déf. pronominal, employé imperson. — *De grands applaudissemens*, pour *des applaudissemens grands*, sujet répété. (Si vous questionnez avec la forme impersonnelle, vous direz très bien *qu'est-ce qu'il s'éleva ?* et vous répondrez de même, *des applaudissemens*. Malgré la question *qu'est-ce que*, ce n'est pas un rég. dir. Quand un verbe, même actif par lui-même, est employé impersonn., il cesse d'être actif, et en conséquence ne peut plus avoir de rég. dir. Le nom qui est sans prép. après un v. impers. est toujours sujet. En effet, si vous faites la question pour le sujet, sans la forme impers., vous aurez *qui est-ce qui s'éleva ?* R. *des applaudissemens*. La phrase veut dire évidemment que des applaudissemens s'élevèrent, comme il est tombé une grosse pluie signifie qu'une grosse pluie est tombée. C'est donc le vrai sujet logique. Mais on l'appelle *répété*, parce qu'il y a déjà pour le même verbe un sujet grammatical *il;* et quoiqu'il ne signifie rien, il influe tellement sur la construction de la phrase, que le v. est au sing. malgré le plur. du sujet logique. Cette remarque est importante pour l'orthographe des partic. dans les impers.)

16... *Il se fit un profond silence*, même analyse.

17 à 25... 26... *Me* pour *à moi*, rég. ind... *tout ce*, rég. dir. — *Que*, rempl. *ce*, rég. dir. de *doit*. N. du n° 25, p. 19. (On dit *payer quelqu'un*. *Me* pourrait donc signifier *moi*. Mais si la chose qu'on paye est exprimée, le rég. de la personne est indirect : payer une dette à quelqu'un.)

27, 28, 29... 30. *Il est*, prés. v. substantif

empl. impers. (On ne pourrait dire *Pierre est juste que*, etc. N. du nº 3o, p. 20.— *Juste*, adj. de *il*. Quoique *il* ne signifie rien de déterminé, *juste* n'est pas moins l'adj. de ce suj. grammatical. C'est comme s'il y avait *c'est une chose juste*. Dans ce cas, *juste* serait adj. de *chose*. — *Celui*, suj. de *cherche*. — *Qui*, suj. de *a manqué*. N. des nᵒˢ 11 et 49, p. 17 et 23.

31, 32... 33... *De tout mon cœur*, circ. de man. § V.

34 à 37... 38... *A été condamné*, parf. indéf. indic. passif du v. actif *condamner*. (Comme un v. n'est passif qu'autant qu'il vient d'un actif, il faut citer l'infin. act., qui devient passif avec *être*.)

39... *Avancera*, fut. n. (Quand on avance quelque chose, son ouvrage, par exemple, le v. est actif. Ici on n'avance rien, on va en avant. Le v. est donc neutre. Il y a des verbes qui sont employés, tantôt comme actifs, tantôt comme neutres. On se demande alors si dans la phrase on avance quelque chose.)

40... *S'est donné* pour *a donné à lui*. *Se*, rég. ind. — *S'est donné*, parf. indéf. pronom... n. 27, p. 20.

IX. *Chap. VI du 1ᵉʳ deg.*, *v. de la 2ᵉ conjug.*

1, 2... 3... *Au moment*, circ. de temps. — *Qui*, pron. conj. rempl. *au moment*, circ. de t... *Êtes entré* pour *avez entré*, parf. indéf. n.

4... 5... *D'un profond sommeil*, circ. de man.

6 à 16... 17... *Au récit*, circ. de cause. (Cela signifie par le récit, à cause du récit, le récit sera cause que vous frémirez.) *Que*, pron. conj. rempl. *récit*, rég. dir. de *faire*. (Nº 27, p. 20.)

18... *Une plante*, suj. de *languisse*.— *Qui*, pron.

conj. rempl. *plante*, suj. de *a*. — *Pas d'eau*, rég.
dir., n. 42, p. 22.

19... 20. *Peu*, adv. de quant., suj. — *Se* pour
soi, rég. dir. (N.° 15, p. 25.) *En*, particule explétive.—*S'en est fallu*, parf. indéf., pron. composé et impers. s'en falloir. (V. dans le 1er deg. la
note de la phrase 10, chap. XII, et notre *Traité
des verbes*. Quoique le v. soit impers., il a pour
sujet *peu*, sans *il*. On dit *peu s'en faut*, et *il s'en
faut peu*. Dans le 1er cas, *peu* est le seul suj.; dans
le 2e, il est suj. répété.)

21... *D'avis*, circ. modificative. Il a le sens du
partic. *pensant*. § V.

22 à 25... 26. *Quel malheur*, phr. exclamative.
(Ordinairement il n'y a pas de phr. sans verbe.
Mais dans les exclamations il y a souvent ellipse.
Quel malheur pour *quel malheur c'est*.)

27... *Les* pour *eux*, rég. dir. de forcer. N. 27,
pag. 20.

28... *Du regret*, rég. dir. indéterminé. § VI.

29, 30...

X. *Chap. VII du 1er degré, v. des 3e et 4e conjug.*

1... *A l'endroit convenu*, circ. de lieu.

2... *Paraissaient*, imparf. n. (Quoiqu'on trouve
souvent un nom sans prép. après *sembler*, *paraître*,
comme après *être*, *devenir*, etc., les deux premiers
ne sont pas plus actifs que les autres. Car, pour
qu'un verbe soit actif, il faut deux conditions :
1° qu'il exprime une action : cette condition manque à ces verbes; 2.° que cette action frappe sur un
objet directement, c'est-à-dire sans l'intermédiaire
d'une prép. *Marcher*, qui a la première condition,
n'a pas la seconde. Les noms qui les suivent sans
prép., ne sont donc pas des rég.; ce sont des noms

qui qualifient le suj. comme des adj., c'est-à-dire des qualifications. § V).

3... *Les malheureux passagers*, second rég. dir. de *voyais*. (Qu'est-ce que je voyais? R. Les ondes. Qu'est-ce que je voyais encore? R. Les passagers. Il y a de la différence entre un suj. répété et un second suj. Tous les deux appartiennent au même verbe; mais lorsqu'on dit *suj. répété*, c'est qu'un des deux ne signifie rien, ou signifie la même personne ou la même chose que l'autre. Lorsqu'il y a second suj., les deux expriment des personnes ou des choses différentes.)

4... 5... *Y* pron. inv. rempl. *dans cette affaire*.

6, 7... 8... *Y*, pron. inv. rempl. *à ma lettre*, rég. ind.

9. *Qui*, pron. interrog. suj.— *Ennemis*, qualif. du suj. *ces deux hommes*. N. 2 du présent §.

10. *D'affaires*, circ. modificat. (Un homme faisant des affaires, occupé d'affaires. N. 21, p. 27.)

11. *Des poètes*, suj. de *conçurent*. (Quand le v. est loin de son sujet, et qu'on a de la peine à trouver ce verbe pour faire la question *qui est-ce qui*, on le trouvera en prenant le sujet, et en demandant : *Qu'est-ce que les poètes firent?* Il faut pour la réponse à une pareille demande avec un nom, un v. à la 3ᵉ p. du pl. Ce ne peut être s'*entretenant*, qui est un partic., ni *avaient bu*, qui a son sujet *ils* : c'est donc *conçurent*.

12... *Que*, pron. conj. rempl. *ce*, rég. dir. de *fît*...

13... 14. *Plût*, n. 41, p. 22... *Faire valoir*, prés. infin., deux v. empl. c. un seul actif. N. 11, p. 17.

15... 16. *Ce*, suj... *Un homme dur*, qualific. de *ce*. (N. 2, présent §) — *Que*... rég. dir. d'émouvoir.

17, 18, 19... 20. *L'avis*, suj. de *ayant prévalu*. (Dans la construction ordinaire, un nom qui est suj., doit amener un v. à la 3ᵉ pers., comme dans la phr. 11 du présent §, où *des poètes* est suj. de *conçurent*, malgré le partic. *s'entretenant*, qui est entre deux, et qui s'y rapporte. Ici, *l'avis* est suj. d'un partic. sans autre verbe. Cette construction est un latinisme peu régulier dans la langue française, et passe, pourvu qu'on l'emploie avec mesure, parce qu'elle est commode pour la rapidité du discours.)

21... *Pour*, prép. — *Qui...* rég. de la prép... *Tant*, adv. de quant. rég. dir...

22... *Deux heures*, circ. de t... 23... 24... *en*, rempl. *de cela*, et *de joie* (par la joie), deux circ. de cause. N. 17, p. 26.

XI. *Chapitre VIII du 1ᵉʳ degré, v. passifs.*

Il est bien entendu que le passif n'a jamais de régime direct. Son rég. est exprimé par une des deux prép. *de* ou *par*. En général, on met de préférence *par*, lorsque le passif exprime une action extérieure : *être battu par quelqu'un*, et *de*, quand l'acte est intérieur : *être satisfait de la conduite de quelqu'un*. Cependant l'usage admet indifféremment l'une ou l'autre prép. après certains v. passifs qui expriment des sentimens de l'ame. Ainsi l'on dit *être estimé, être méprisé de* ou *par quelqu'un*. C'est probablement parce que les sentimens d'estime et de mépris, quoique formés dans l'intérieur, ne peuvent être connus que par une manifestation extérieure.

Nous avons dit § IV, qu'il ne faut analyser comme rég., que les noms ou pronoms qui sont sans prép., ou qui sont accompagnés d'une des prép. *à* ou *de*, en avertissant que nous établirions une exception pour les passifs. Cette exception consiste à joindre *par* au nom ou pronom que cette prép. accompagne, lorsqu'elle est amenée par un v. de cette espèce.

Le vrai régime du passif est le nom ou pronom qui déviendrait sujet de la phrase si on la tournait par l'actif. Si donc je veux donner la forme active à cette phrase : *Pierre a été insulté par Paul*, j'aurai : *Paul a insulté Pierre. Par Paul* s'appellera donc *rég. du passif.*

Il est important que l'élève s'exerce à tourner ainsi par l'act. toutes ses phrases passives, d'abord pour s'accoutumer à raisonner, et à se rendre compte du sens de ses phrases, en second lieu pour ne pas confondre avec un rég. du passif, un rég. indir. qui accompagne quelquefois ce v. Si j'ai : *Pierre a été délivré de prison*, je ne puis dire : *La prison a délivré Pierre.* Le sens m'oblige de dire : *On a délivré Pierre de prison.* (Quand il n'y a pas de rég. du passif, comme on ne peut faire une phrase sans suj., on met le pron. *on* à la phr. active.) Vous voyez que les mots *de prison* restent dans les deux phr. act. et passive. C'est donc un rég. indir. S'il y a : *Pierre a été délivré de prison par un ami*, j'aurai à l'actif : *Un ami a délivré Pierre de prison.* Ainsi je dirai : *De prison*, rég. indir. — *Par son ami*, rég. du passif.

1. *Les lettres*, suj. — *Sont écrites*, prés. passif. —Par *votre frère*, rég. du passif. (Avant de dire ou d'écrire cette analyse, l'élève a tourné sa phr. par l'actif, comme il tournera toutes les phr. suiv., et a dit : *Votre frère écrit les lettres.*)

2. *Sont*, prés. v. subst. — *Écrites*, partic. passif, adj. de *lettres*. (Si je tourne par le même temps de l'act., j'aurai : *On écrit les lettres.* Mais ce n'est pas le sens de la phrase, *les lettres sont écrites.* L'idée porte, non sur l'action actuelle d'écrire les lettres, mais sur *l'état* des lettres, dont la confection est achevée. Il faut donc analyser séparément *sont* et *écrites.* Lisez avec attention les notes du 1er deg. dans le texte des phrases et dans l'explication. Il faut, pour analyser les deux mots ensemble, qu'en tournant par le *même* temps de l'act., on ait le *même sens.*)

3, comme 1. — 4, comme 2.

5... *Suis... Comblé*, partic. passif, adj. de *je...*

de joie, rég. ind. (Si l'on tournait par l'act. *la joie
me comble*, on dirait : *Suis comblé*, prés. passif.
Mais on ferait une phrase peu exacte ; en effet,
combler veut un complément par *de* à l'actif comme
au passif. Maintenant, si l'on dit : *On me comble de
joie*, on n'aura pas le même sens ; car on ne me
comble pas actuellement : c'est ma *situation, toute
faite*, que j'indique. Il vaut donc mieux analyser
comme nous l'avons fait.)

6 à 9... 10... *Traîné*, partic. passif, adj. de
Char. — *Par des bœufs*, rég. du passif. (Que des
bœufs traînaient.)

11, 12... 13... *Par lequel*, pron. conj. rempl.
Par le médecin, rég. du pasif *avait été guéri.* (Qui
l'avait guéri)... *Une première fois*, circ. de nombre.

14, 15, 16... 17... *Étes... élevé*, partic... —
En, pron. inv. rempl. *pour cela.*

18. Deux rég. ; un de passif, et un indir.

19... 20... *Était*, séparément. On ne la fardait
pas dans ce moment.

21 à 25... 26... *Une fois*, circ. de nombre...
Menteurs, qualification du suj... *Plus*, adv. de
temps. § VI.

27... 28... Il y a là un rég. indir., et non un
rég. du passif ; car il ne pourrait être suj. du v.
mis à l'act.

29, 30, 31, 32...

XII. *Chapitre IX du 1er deg., v. neutres avec* être.

Les verbes qui sont toujours neutres, comme *arriver*,
tomber, *partir*, etc., ou qui, sans l'être toujours, sont
empl. comme tels dans une phr. (n. 39, p. 26), ne peuvent avoir que des rég. indir.

Quand le v. neutre est conjugué avec *être*, substituez à
cet auxiliaire le temps correspondant du v. *avoir*. Vous

connaîtrez mieux le temps, et vous serez sûr que le v. est neutre. En effet *je suis tombé* a le même sens qu'aurait *j'ai tombé*, s'il était français. Vous ne pourriez raisonnablement dire la même chose d'un passif : *je suis battu* pour *j'ai battu*, vous vous apercevriez aussitôt de l'extrême différence du sens dans les deux phrases.

1... *Étes allé*, pour *avez allé*... 2... *Ai passé*, parf. indéf. act. (Ici on passe des jours.)

3... *Un grand malheur*, suj. répeté... 4, 5, 6, 7...

8... *L'an* 1807, circ. de t. — 9. *D'illustres généraux*, pour *des généraux illustres*, suj... 10...

11... *Pas d'indigestion*, rég. dir. § VI... 12... 13... *Il*, suj. répété... 14... *A sorti*, neut... 15... *Aurais sorti*, act. Voy. la note du 1er deg.

16 à 20... 21... *Bien peu*, adv. de quant. au superl. absolu, rég. de la prép...

22... *De retour*, remplaç. le partic. *revenu*, circ. modificative, § V...

23... 24. *A pris*, parf. indéf. n. (*A pris*, veut dire ici *a poussé*. On pourrait encore dire qu'il est act., le rég. dir. *racine* étant sous-entendu.

XIII. *Chap. X du 1er deg. v. n. avec* être *ou* avoir.

1... *A la côte*, circ. de lieu... 2... Comment est-il accouru? R. *A perte d'haleine*, circ. de man.— *D'haleine* rég. de *perte*.

3... *De misère* (par la misère), circ. de cause... 4, 5, 6...

7... *De six enfans* (de combien ?), circ. de nombre.

8... *D'ordre et d'économie*, rég. de *plus*. N. 3, p. 24.

XIV. *Chap. XI du* 1ᵉʳ *deg.*, *v. n. prenant* être ou avoir, *suivant leurs différentes acceptions.* (V. les explications dans le 1ᵉʳ deg.)

1 à 7... 8... *Le vendeur et moi*, suj. rép., explicatif de *nous*...

9 à 15... 16... *Rien*, suj. rép... *De tant*, adv. de quant. rég de *rien*... *De biens*, rég. de *tant*...

17... *D'accord*, remplaç. le partic. *accordés*, circ. modific.

18, 19... 20. *A*, prép. (Il ne tient à rien, il commence la phr. D'ailleurs, même observation que pour le n. 8, p. 24.)... *Muets*, adj. de *ils*. (Si c'était un nom, ce serait une qualific. Le sens et la construction sont les mêmes.)

21 à 25... 26... *En* pour *de cela* (de monter), rég. ind... 27... *Au visage* (sur le visage), circ. de lieu... 28... *Du rang*, rég. ind.— *Au grade le plus élevé*, rég. indir., l'adj. au superl. relatif, n. 5, p. 17. (Il y a ici deux rég. ind., qu'on ne distinguera pas par premier et second, parce qu'ils sont de deux espèces différentes, l'un par *de*, l'autre par *à*.)

29 à 34... 35... *C'est-à-dire*, locution conjonctive, explicative. (Si cette locution est suivie de *que*, comme dans la phr. 37, on l'y joint, et l'on dit la même chose.)

36... 37... *Une chandelle*, suj. de *a passé*, sous-entendu. (La conj. *comme*, ainsi que la plupart des conj., recommence une phrase. Mais il n'y a pour cette phr., que le suj. *une chandelle*. Il y a donc un verbe sous-entendu, et ce verbe ne peut être que celui qui précède immédiatement, § II, *ellipse.*)

38 à 49... 50... *Des informations*, pour *de les*

informations, rég. ind... *A la charge*, pour le partic. *chargeant* (l'accusé), circ. modific.

51... *En* pour *de cela* (d'avoir donné la bataille), rég. ind... *De grands inconvéniens* pour des... suj. rép. — 52, 53...

XV. *Chap. XII du* 1ᵉʳ *deg., v. pronominaux.*

Voy. ce que nous avons dit n. 43, p. 22, sur les vrais pronominaux, et sur leurs rég., qui n'étant pas susceptibles d'une analyse rigoureuse, sont *censés* directs, lorsque, placés après le verbe, ils n'exigent pas évidemment la prép. *à.* Ainsi *je m'abstiens* ne demandant pas manifestement pour le sens, qu'on dise *j'abstiens à moi*, est suppose signifier *j'abstiens moi.* Un pareil rég. devrait être appelé *employé comme rég. dir.* C'est pour abréger qu'on le nomme simplement rég. dir. Mais il est bon de le distinguer au moins par la pensée. Nous en dirons autant pour la dénomination de *pronominaux*, donnée à tous les v. conjugués avec la forme pronominale. Ceux qui sont français sans cette forme, devraient être dits *employés pronominalement.* Dans ces derniers verbes, on voit clairement si le pronom rég. qui est devant, est dir. ou indir., en le plaçant après le verbe. Il ne faut donc pas négliger de le placer ainsi, ce qui obligera, quand le temps sera composé, de mettre, comme dans les neutres, le v. *avoir* à la place de *être}* n. 27, p. 20, et 40, p. 26. Il en résulte le même avantage pour la facilité de reconnaître le temps, et c'est de plus, le seul moyen de distinguer sûrement l'espèce du régime. Remarquez que sur les trois sortes de verbes qui prennent l'auxiliaire *être*, savoir, tous les passifs, tous les pronominaux, et certains v. neutres, il n'y a que les passifs dans lesquels cet auxiliaire soit employé avec sa vraie signification, et que dans les deux autres, il tient, sous le rapport grammatical, la place du v. *avoir.* C'est pour cela qu'il faut substituer celui-ci à *être.* V. aussi n. 17, p. 18, et 12, p. 24.

1 à 5... 6... *S'étaient rendus*, pour *avaient rendu eux. Se*, rég. dir. — *S'étaient rendus*, plusquep. pronomin. — *Maîtres*, qualific. de *se.*

7, 8... 9... *Valait*, imparf. n.—*La peine*, circ.
de prix. — *En* pour *de cela* (de se fâcher), rég. de
peine. (*Valoir* est neutre dans ce sens. Il ne peut
donc avoir de rég. dir. *La peine* ne pouvant être
rég., est nécessairement circ., et une circ. de prix
dans le sens figuré, comme dans la phrase *Cette
maison vaut trente mille francs*, ces derniers mots
forment une circ. de prix dans le sens propre.
V. vers la fin le § sur *coûter* et *valoir*.)

10... 11... *Toi-même*, rég. dir. rép. (C'est un
pléonasme pour donner plus de force, § II)... *Te*
pour *toi*, rég dir. —*En*, partic. expl. —*Va-t'en*,
impér. pronom. composé. (V. le 1ᵉʳ deg.)

12, 13, 14... 15. *Peu s'en est fallu*, n. 20,
p. 27. — 16... *Ce*, pour *ces hommes*, suj. (*Syllepse*, § II)... *Des furieux*, adj. empl. c. nom,
qualific. de *ce*. — 17, 18, 19, 20...

XVI. *Chap. XII du 1ᵉʳ deg., v. impersonnels.*

L'emploi des impersonnels n'étant pas aussi fréquent
que celui des autres verbes, on a conservé l'usage de distinguer les *vrais impersonnels*, c.-à-d. ceux qui ne se conjuguent qu'à la 3ᵉ p. du s., précédés de *il* indéterminé, et
ceux qui sont *employés impersonnellement*, c.-à-d. ceux qui
n'étant pas impers. par eux-mêmes, ont toutes leurs personnes
dans chaque temps, mais sont quelquefois employés dans
le sens de l'impersonnel. Nous avons indiqué, p. 20,
n. 30, le moyen de reconnaître les uns et les autres par
l'essai sur le pronom *il*.

V. aussi, p. 25, n. 15, comment le nom placé sans
prép. après l'impers., est suj. répété, et souvenez-vous
bien qu'à moins d'un v. pronom., il n'y a jamais de rég.
dir. avec un impers. ou v. empl. impers., quand même ce
dernier serait ordinairement actif, et quoiqu'on réponde
bien à la question *qu'est-ce que*. Vous reconnaîtrez l'im-
portance de ce principe à l'application aux participes.

1 à 4... 5. *Se* pour *soi*, rég. dir. —*Il s'était*

glissé, plusquep. pronom. empl. impers… *Quelques fautes*, suj. répété. (Quelques fautes s'étaient glissées.)

6. *Y*, partic. explétive. — *Il y aura*, fut. impers. — *Bal et concert*, suj. rép. (Bal et concert seront, comme *il y a un cheval dans la rue*, signifie un cheval est dans la rue. *Y*, dans l'impers. *il y a*, et *en* dans *il s'en faut*, ne signifient rien de déterminé ; mais ces particules, que nous appelons à cause de cela *explétives*, changent entièrement le sens des v. *avoir* et *falloir*, et en font des impers. composés. P. 27, n. 20.)

7, 8… 9 comme 6. — 12, 13… 14, p. 27, n. 20.

15… 16. *Il a fait*, parf. indéf. act. empl. imp. — *Une*, etc., suj. rép. (Il y a eu une chaleur, une chaleur a été. La locution peut paraître bisarre ; mais puisqu'il y a forme impersonnelle, il ne peut y avoir de rég. dir. C'est un suj.

Nota. Nous avons passé en revue les cinq sortes de verbes, indépendamment du v. *substantif* ÊTRE, qui est seul de sa classe, par conséquent, toutes les combinaisons possibles de suj. et de rég. Les § suivans ne peuvent plus présenter de nouvelles difficultés à cet égard. Nous aurons donc peu d'observations à faire. Avant d'aller plus loin, l'élève doit revenir sur ce qui précède, s'il n'est pas bien affermi sur l'analyse, et se bien pénétrer des principes développés dans les notes. Sa marche en deviendra plus rapide et plus sûre.

XVII. *Chap. XIV du 1er deg., adverbes.*

V. la note du 1er deg, en tête de ce chap.. Nous avons dit qu'il n'était pas rigoureusement nécessaire d'obliger les commençans à préciser le sens logique des adverbes et autres mots invariables. Mais l'élève qui est au second deg., doit être en état de faire cette indication, qui exercera son raisonnement, et le fortifiera sur la distinction des circonstances. Car, logiquement, un adv. est une circonst. en un seul mot invar., et une circ. est un adv. en plusieurs mots variables. P. 11, § V. *Commodément* et d'une *manière commode*, n'offrent pas de différence pour le sens; il n'y en a que dans l'expression grammaticale.

1 à 32... 33. *De retour*, p. 32, n. 22.

34 à 40... 41... *Une île*, suj. de *est* sous-entendu. P. 7, *ellipse.*

42 à 45... 46... *Mon fils*, circonst. appellative... (C'est le vocatif des Latins; il n'est ni suj. ni rég. Par cette locution, on appelle quelqu'un, on lui adresse la parole, en le désignant par son nom ou par sa qualité: Pierre, allez-là; Monsieur, asseyez-vous.)

47, 48... 49... *Peu*, adv. de quant., qualific. du suj. *ce...*

XVIII. *Chap. XV du* 1ᵉʳ *deg, prépositions.*

1 à 6... 7... *Plus*, adv. de temps. — *D'idées fausses*, rég. dir. (Fin de la p. 14.) — 9... *A la tête*, circ. de lieu. (Où?..)

10 à 28... 29. *Quelque ardeur*, rég. dir. — *Que*, conj. (Qu'est-ce qu'on a?... P. 23, n. 46.)

30 à 36... 37... *Un instant*, qualific. du suj. — *Placé*, partic. passif, adj. d'instant.

38... 39... *Que*, pour depuis lequel, circ. de temps.

40... 41... *Ne que*, pour seulement, adv. (*Que*, pron. ou conj., recommence une phrase. C'est ce qui n'a pas lieu ici; il a le sens de l'adv. *seulement*. C'est une analyse toute logique; car, grammaticalement, il y a ellipse: *n'est rien autre chose que...*) *Un tissu*, qualific. du sujet.

42. *Bien des gens*, suj. (*Bien* est ici adv. de quant., avec la différence qu'il n'est pas suivi de la prép. *de*, seule, comme les autres adverbes de

cette espèce. Il prend *des* pour de les. On l'analyse avec le nom.)... *Approfondir* et *fronder* sont deux infinitifs empl. comme noms, suj. de *est*.—*Ce*, suj. rép. — *Penser* et *être*, sont employés de même, et qualific. du suj. — *Philosophe*, qualif. de *ce*.

43 à 47... 48. *Ordre*, suj. de *est donné*, sous-entendu.

49 à 55... 56. *Le mérite personnel*, rég. rép., explicatif. (Il explique, en répétant, *le seul véritable*, rég. de la prép. *excepté*.

57 à 66... 67. *Jurer* et *ce*, comme ci-dessus, n. 42... *Par*, prép. — *Tout ce*, rég. de la prép.— *Que*, pron. conj. rempl. *ce*, suj. double.—*Il y a*, prés. impers. — *De plus sacré*, pour le plus sacré, adj. de *que* au superl. relatif. (Ce qu'il y a de plus sacré signifie ce qui est le plus sacré. *Que*, dépendant d'un impers., ne peut être rég.; il est suj. On ne peut l'appeler *répété*, puisqu'il est avant *il*. On l'appelle *double* à cause de cette position particulière; mais c'est le même principe d'analyse. On désigne ainsi tous les *que* qui précèdent l'*impers.*, remplaç. des noms qu'on appellerait *suj. répétés*, s'ils étaient dans la phr., parce qu'ils seraient après le verbe, et par conséquent après *il*. Il m'a fallu des livres. *Des livres*, suj. rép.—J'ai acheté les livres qu'il m'a fallu. *Que*, rempl. les livres, sujet double.)

68 à 93... 94. *La différence*, suj. de *est*.—*Que*, suj. double de *il y a*... *Ce*, suj. rép. (On met souvent *ce* devant *est*, comme suj. rép., quand le véritable suj. est un peu éloigné.)

95 à 99... 100... *Ne que* pour seulement. N. 41, du prés. §.

101 à 116... 117... *Du même avis*, pour pensant de même, circ. modif. P. 27, n. 21.

118 à 126... 127. *Parler*, *agir*, comme aux n. 42 et 67, suj. de *voilà*, employé dans le sens du v. être. (C'est comme s'il y avait : Parler, agir, sont, ou c'est le fruit.)

128... 129... *Ferme*, adj. de se... 131, 132, 133... 134... *sévère*, *humain*, adj. s. m. comme ne se rapportant à aucune personne déterminée. (On suit la même orthographe, sans que ce soit précisément le même cas, que pour le n. 30, fin de la p. 25. C'est ainsi qu'on met l'adjectif s. m. après *on*. On devient savant quand on étudie. *Il faut être sévère* signifie il faut qu'on soit sévère.)

135 à 141... Dans les phr. 142 à 145, quand ce sont des prép. autres que *de* et *à*, analysez-les séparément. S'il y a *de*, analysez-le avec le nom auquel il est joint, et distinguez s'il est rég. du mot précédent, ou s'il est circ. modific., c'est-à-dire, si vous pouvez mettre un adj. ou un partic. à la place. Tel est *de marbre* après *colonne*, qui signifie *faite en marbre*, ou *marbrée*, si cet adj. était français dans ce sens.

La prép. *à* ne fait pas des rég. de noms, comme *de*. Mais elle fait des rég. indir., ou des circ. diverses. *A grands pas*, circ. de manière ; *à l'épée*, circ. d'instrument ; *à l'huile*, *en détrempe*, *à feu*, etc. (huilée, détrempée, faisant feu), circ. modif.

XIX. *Chap. XVI du* 1er *deg.*, *conjonctions.*

1... 2... *Par*, prép. — *Ce*, rég. de la prép. — *Que*... rég. dir. de démontrer..., — 3... Les trois *de ce*, rég. ind. — *Que*, pron. rempl. *ce*, qualific. de vous. (Vous êtes cela, instruisez-vous de cela.)

4 à 19... 20... *Presse*, prés. n. (Elle ne presse rien. P. 26, n. 39.)

21 à 30... 31... *Moi*, sujet de *veux* sous-en-

tendu... 32, 33. *Valeur*, et tous les noms qui suivent, rég. dir. de *réunissait*... *Les*, rég. dir. rép. (Quand le rég. dir. est ainsi placé par inversion avant le v., on le répète par un pronom, lors même qu'il en est tout près : Ma lettre, l'avez-vous reçue ?)

34 à 38... 39... *Grand prince*, circ. appellative, p. 37, n° 46... *d'en haut*, circ. de lieu. (d'où ?) — 40... *Son serviteur*, Qualific. de *le*...

41 à 49... 50. V. L'explication du 1er degré. En prenant *reçu* pour *j'ai reçu*, *dix mille fr.* serait rég. dir... 51... *Père, juge*, qualif. de Brutus... 52... *Dix mille, cinq mille*, etc., sont des répétitions du rég. *vingt mille*, pour en expliquer la distribution.

53 à 58... 59... *Ce rubis*, suj. de *vaut*, sous-entendu.— 60, 61... 62... *Une bonne santé*, suj. de *est*, sous-entendu.

XX. *Ch. XVII du 1er deg., interjections.*

Indiquez le caractère des interjections. Elles sont de douleur, de surprise, de joie, d'admiration, de dédain, etc. V. la grammaire et les homonymes.

1. *Ah !* interj. de douleur. — *Que* pour combien, adv. exclamatif...

2 à 4... 5... *Que* pour quelle chose, pron. interog. rég. dir. de veulent... 6... 7... Même pronom, et suj... 8... *Quelque chose de bon*, pour une chose bonne, rég. dir...

9, 10, 11... 12. *O mon ami !* circ. appellative exclamative. (On ajoute *exclamative*, parce qu'il y a ici un sentiment d'exaltation qui n'est pas dans l'appellation ordinaire. Si l'on analysait seul *ô* devant un nom, on l'appellerait interj. appellative.

13... 14 et 15. *O ciel, bon Dieu*, circ. exclam.

XXI. *Chap.* XVIII *du* 1er *deg.*, *récit.*

1... *De côté et d'autre*, circ. de lieu... *D'une voix douce*, circ. de man... 2... 3. *Oui-dà*, locution affirmative (familière)... 4, 5... *De son côté*, locution conjonctive. (Comme s'il y avait, *mais lui*, par opposition à ce que fait l'enfant.)

6, 7... 8. *A propos*, locut. adverbiale... *longtemps*, suj. répété. (*Longtemps*, est devenu adverbe; mais il se construit comme *un temps long*, dont il tire son origine, et peut être par conséquent suj. ou rég.) — *Que*, pour *depuis lequel*, circ. de temps... *A jeun*, circ. modific. (Ayant jeûné.)... *Comme cela*, circ. de man. (De la même manière.)

9... *L'élève*, suj. de était (content), sous-ent... *Se* pour *lui*, rég. dir. — *Se faire saigner*, prés. infinit., deux v. empl. c. un seul pronomin. (P. 17, n° 11.)... *A une autre fois*; circ. de nombre. (On compte : une fois, une autre fois, etc.) — *L'autre bras*, rég. dir. d'un v. sous-ent. (Tu me prêteras, ou je saignerai.)

10... *De sa pauvre mère*, second. rég. indir... (*Fit venir, fit faire*, p. 17, n° 11.)

EXERCICES

SUR L'APPLICATION DE LA MÊME ANALYSE A L'ORTHO-
GRAPHE DES PARTICIPES.

AVIS. Toutes les phrases qui suivent, contiennent des participes, ceux qu'on appelle *passés*, quoiqu'ils ne le soient pas toujours. Mais on leur donne ce nom, parce qu'ils forment des temps passés, dans les verbes avec *avoir : j'ai écrit, j'aurais chanté, avoir étudié ;* et aussi dans les verbes neutres conjug. avec *être : elle est venue*, ainsi que dans les pronominaux : *nous nous sommes promenés.* Dans les passifs, où tous les temps sont composés, ils se trouvent nécessairement dans des temps prés. et futurs. Lorsqu'ils sont sans auxiliaire, comme dans *un enfant chéri*, il n'y a pas de temps à chercher, surtout s'ils sont passifs : ce sont des adjectifs, qu'on appelle participes à cause de leur origine.

Quant aux partic. présens en *ant*, nous en traitons dans le dernier §.

Pour l'analyse de ces phrases, on suivra la marche des précédentes, sauf à abréger les formules à mesure qu'on deviendra plus habile. Mais, de plus, chaque fois qu'il se trouve un partic. passé, seul ou avec un auxiliaire, il faut dire, d'après les règles et la méthode que nous allons donner, s'il est variable ou invariable. Déclarer le partic. invar., c'est dire qu'il s'écrit au sing. masc., sans que rien dans la phr., telle qu'elle est construite, puisse le faire changer. Quand on le déclare var., on ajoute si c'est sing. m.; ou s. f.; ou pl. m.; ou pl. f.

Ce n'est pas la même chose, *en principe*, quoique, *par le fait*, l'orthog. soit la même, de dire *invar.*, et *var. s. m.* Ainsi, dans la phr. *le père a réprimandé son fils*, le partic. ne changera pas, quand même, au lieu du suj. s. m. *le père*, il y aurait un suj. s. f., pl. m., ou pl. f. Mais si je dis *le père l'a réprimandé* (son fils), le partic. est, en principe, var., étant précédé d'un rég. dir. S'il s'écrit comme s'il était invar.; c'est que dans la phr., ce rég. dir. est s. m. Sans changer la construction, le partic. s'écrirait autrement, si le rég. dir. était s. ou pl., soit m., soit f.

XXII. *Règles sur l'orthographe des participes passés.*

Elles se réduisent à deux pour les partic. accompagnés d'un auxiliaire. Quant à ceux qui sont seuls, il n'est pas nécessaire, au point où est actuellement l'élève, de lui dire que ces partic. adjectifs se mettent au même genre et au même nombre que le nom ou pron. auquel ils se rapportent. Il a appris par les grammaires les plus élémentaires, et par une pratique souvent répétée, à écrire *un père chéri, une mère chérie, des frères chéris, des sœurs chéries.*

PREMIÈRE RÈGLE.

Dans les verbes conjugués avec *avoir*, et dans les pronominaux, le participe ne change qu'autant qu'il est précédé d'un régime direct. Dans ce cas, il s'accorde avec ce régime.

SECONDE RÈGLE.

Dans *tous* les verbes passifs, et dans les neutres conjugués avec *être*, le participe s'accorde avec le sujet.

Il n'y a pas d'exception à la seconde règle. Pour la première, il n'y en a pas d'autre qu'avec le pron. *en* dans certains cas. Nous en fournirons des exemples avec explications.

Il suit de la première règle : 1° que le partic.

d'un verbe neutre, ou employé comme neutre dans une phrase, et qui a pour auxiliaire *avoir*, ne change jamais, puisqu'il n'a et ne peut avoir de rég. dir. ni devant ni après lui.

2° Que le participe d'un v. ordinairement neutre, mais qui dans une phrase est employé comme act., et qui par conséquent est avec *avoir*, peut changer s'il est précédé d'un rég. dir. Ainsi *courir* est ordinairement neutre. Mais lorsqu'on dit *courir des dangers*, on en fait un actif. On écrira donc *les dangers qu'il a courus*, à cause du *que* pl. m. rég. direct.

3ª Qu'il faut bien prendre garde de prendre des circonstances exprimées sans prép., pour des rég. dir. auxquelles elles ressemblent beaucoup par la construction, parce que si ces circonst. sont avant le v., on croirait devoir changer le partic. Ainsi dans cette phrase : *il a demeuré vingt ans à Rome, vingt ans* n'est pas rég. dir. ; car *demeurer* est toujours neutre. C'est une circonst. de temps par ellipse, la prép. *pendant* étant sous-entendue. Il en est de même de *que*, s'il y a : *les vingt ans qu'il a demeuré à Rome*. Le partic. *demeuré* est donc invar.

4° Que les partic. des v. impers. ou employés impersonnellement, *ne changent jamais* par le fait, parce qu'ils sont par principe, ou invariables, ou var. s. m., ce qui donne le même résultat quant à l'orthographe.

5° Que dans les passifs et dans les n. avec *être*, il ne faut pas s'inquiéter des rég. pour l'orthog. des partic. ; il ne faut penser qu'au sujet.

XXIII. *Exercices sur les cas les plus ordinaires des participes.*

1. Je remarque des terres bien cultivées.. *Je*,

suj. — *Remarque*, prés. act. — *Des terres*, rég. dir. — *Bien*, adv. de man. — *Cultivées*, partic. passif, adj. de terres, var. pl. f. (En disant que le partic. passif est adj. de terres, vous donnez le motif de sa variabilité. Il n'est pas besoin d'en dire davantage.

2. Les écoliers diligens ont été récompensés.

... *Ont été récompensés*, parf. indéf. passif, var. pl. m., se rapportant à son sujet, *les écoliers*, le v. étant passif. (Il est bien entendu que lorsqu'on dit *se rapportant*, on parle du participe, et que si on ne le nomme pas, c'est pour abréger. — Dans les commencemens, et jusqu'à ce que vous soyez bien familiarisé, vous exprimerez ainsi les motifs de la variabilité, ou de l'invar. suivant les cas.)

3. Elles étaient descendues à la rivière.

... *Etaient descendues*, plusquep. n., var. pl. f., se rapport. à son sujet *elles*, le v. étant n. avec *être*.

4. Ils se sont battus. — *Se sont battus*, pour ont battu eux. *Se*, rég. dir. — *Se sont battus*, parf. indéf. pronom., var. pl. m., se rapport. à son rég. dir. *se*, qui le précède.

5. Elle s'est fendu la tête — ... *s'est fendu*, pour a fendu à elle. *Se*, rég. ind... *s'est fendu*, parf. indéf. pron., invar. parce que le rég. dir. est après.

6. J'ai reçu des nouvelles satisfaisantes... *Ai reçu*, parf. indéf. act., inv. parce que le rég. dir. est après. — *Elle a dormi*, a dormi, parf. indéf. n., invar., parce que c'est un v. n. avec *avoir*. (C'est dire que le participe ne peut changer.) Nous avons chassé... *avons chassé*, parf. indéf. act., invar., parce qu'il n'y a pas de rég. dir.

7. Les planètes que les astronomes ont découvertes. — *Les planètes*. suj. d'un v. qui manque.

(Quand le v. est sous-entendu, la phr. est complète; le verbe n'est pas répété, parce que cela serait inutile, la pensée le suppléant sans difficulté. Ici, la phr. ne pourrait rester telle qu'elle est dans un discours. Le suj. *les planètes* veut un v. après la phr. du *que*. Nous citerons quelquefois de pareilles défectuosités, afin que l'élève apprenne à les reconnaître.) — *Que*, pron. conj. rempl. *planètes*, rég. dir. de ont découvertes. — *Ont découvertes*... var. pl. f. se rapport. au rég. dir. *que*, qui est devant.

(Les sept numéros précédens contiennent les cas ordinaires des participes, et les causes de variabilité ou d'invar. devront être exprimées comme dans un de ces exemples : 1. Participe adjectif, sans auxiliaire. 2. V. passif. 3. V. n. avec *être*. 4. V. pron., précédé d'un rég. dir. 5. *Idem*, avec le rég. dir. après. 6. V. act. avec son rég. dir. après; v. n. avec *avoir*; v. act. sans rég. dir. Le résultat, quant à l'orthog., est le même pour ces trois cas; seulement les motifs sont différens. 7. V. act. précédé d'un rég. dir. S'il y a des cas où l'analyse soit plus difficile, ce n'est pas qu'il y ait d'autres considérations à chercher, c'est parce qu'il n'est pas aussi aisé de distinguer les suj., rég. et circonst.)

Maintenant nous écrirons tous les partic. au s. m. L'élève, en faisant l'analyse, en changera lui-même l'orthog. quand elle sera défectueuse.

Participes adjectifs, sans auxiliaire.

8. Que de scandales évité! que de crimes prévenu! que de maux publics arrêté! que de faibles conservé! que de pécheurs rappelé! que d'ames retiré du précipice!

Que, pour combien, adv. de quant. — *Que de scandales*, suj. de évités, pour ont été évités. — *Évités*, partic. passif, adj. de scandales, var. pl. m. (Après avoir analysé *que* séparément, parce qu'il est ici adv. de quant., je le remets avec *de scandales*, parce que les adv. de quant., comme nous l'avons dit p. 21, n. 32, sont regardés, quant à l'orth. des part., comme adj. des noms qui leur sont joints comme rég. avec *de*. *Évités* se rapp. à *scandales*, et non à *que* ou *combien*, qui est le vrai suj. grammatical, comme s'il y avait *quels nombreux scandales*.

9. Les provinces conquis, les batailles gagné, les négociations difficiles terminé, le trône chancelant affermi, voilà ce que publient les titres et les inscriptions. — *Les provinces* et les noms qui suivent, suj. de *voilà*, empl. dans le sens de *sont*. Page 39, n° 127.

Passifs, et neutres avec être.

10. Dès que la guerre fut déclaré, les ennemis furent battu et poursuivi.

11. Je désire que votre demande soit accueilli, et que sa grâce lui soit accordé.

12. Les détails dans lesquels nous sommes entré, doivent vous satisfaire.

13. L'heure de la justice est arrivé; elle a sonné.

14. C'est là que la faim est rassasié, que la nudité est revêtu, que l'infirmité est guéri, que l'affliction est consolé, que l'ignorance est instruit.

Pronom. avec le rég. dir., soit avant, soit après.

15. Les ennemis se sont abandonné à toute leur fureur contre les habitans de la ville assiégé.

16. Elle s'est élancé dans la première barque qui s'est trouvé.

17. Ils s'étaient vengé avec cruauté.

18. La mère et le fils se sont précipité ensemble dans les flots.

19. Ils se sont donné mutuellement leur parole.

20. Le sénat ne s'était pas opposé à l'établissement.... l'un et l'autre ordre de la république s'étaient sacrifié mutuellement leurs magistrats.

21. Les patriciens s'étaient approprié le reste, et s'en étaient fait une espèce de patrimoine.

Actifs avec le rég. dir. , soit avant, soit après.

22. Le retour de Métellus, et le compte qu'il rendit du succès de ses armes, les villes qu'il avait pris, les provinces qu'il avait conquis, et les batailles qu'il avait gagné, tout cela fit tomber et dissipa les mauvais bruits que Marius avait répandu contre lui.

Le retour, suj. de fit tomber et dissipa... les autres noms qui suivent, 2°, 3°, etc., suj... *Tout cela*, 6° suj. récapitulant les autres. (On rend ainsi raison du sing. des v., quoiqu'ils aient plusieurs suj., la plupart même au plur.

23. Avez-vous reçu les lettres que je vous ai écrit ? Je les ai reçu, je les ai lu avec plaisir.

24. J'ai reçu, j'ai lu ces lettres avec plaisir.

25. Avez-vous taillé vos plumes ? Je les ai égaré.

26. Avez-vous vos livres ? Je les ai perdu.

27. Votre sœur m'a prêté une chanson : je la lui ai rendu.

28. Elle a racheté ses péchés par les aumônes qu'elle a répandu ; elle les a expié par une longue

pénitence qu'elle a soutenu avec beaucoup de force.

29. J'envisage les services qu'il a rendu, non pas les places qu'il a rempli ; les dons qu'il a reçu du ciel, non pas les honneurs qu'on lui a rendu sur la terre.

Exemples mêlés de plusieurs sortes de verbes.

30. Elle est venu se plaindre : où est-elle allé se réfugier ?

31. L'Europe a subi bien des changemens.

32. L'histoire nous a transmis ces détails.

33. Plusieurs grammairiens ont rédigé des règles.

34. Voilà les causes qui ont contribué à ce malheur.

35. La race humaine a dégénéré.

36. Nous avons vécu sous l'oppression.

37. Les peuples chez lesquels les lumières ont brillé, ont prospéré.

38. Ceux qui ont croupi dans l'ignorance, ont gémi, ont langui sous l'oppression.

39. Nous nous sommes imposé cette loi.

40. Elle s'est attiré ma haine.

41. Ils se sont fait de sanglans reproches.

42. Sa gloire s'est accru.

43. Lucrèce (dame romaine) s'est tué.

44. Elles se sont cru capables. (V. plus loin le § XXV, *partic. suivis d'un adjectif ou d'un nom qualific.*)

45. Elle s'est mis cette idée dans l'esprit. — Ils s'étaient proposé de vendre leur maison. — Ils s'étaient proposé pour modèles. — Mille sectes se sont partagé la terre. — Mille sectes se sont partagé entr'elles.

46. Ils ont essayé de vous tromper. — Elle a commencé à prendre la bonne voie. — Ils leur auraient conseillé de plaider.

47. Ces livres que j'ai reçu, je les ai lu à la hâte, ou plutôt je les ai parcouru, et je les ai renvoyé de suite.

48. Quels dangers ont-ils couru dans les mers qu'ils ont traversé ?

49. Quels fruits avez-vous recueilli des démarches que vous avez fait ?

50. Il n'est point de talent, point de vertu, point d'affection naturelle qu'ils n'aient transformé en crime. (*Que*, remplaç. plusieurs noms qui ne sont pas liés par une conj., se rapporte au dernier pour l'orthog. du partic.)

51. Les malheurs qu'elle s'est attiré. — Son amitié, je me la suis gagné.

52. Elle s'est décidé à ce parti. — Nous nous sommes perdu nous-mêmes.

53. Ces deux hommes se sont lié de l'amitié la plus intime.

54. Elles se sont promené pendant plus de deux heures.

55. Ils se sont battu avec acharnement; ils se sont blessé, et il est heureux qu'ils ne se soient pas tué.

56. Cette colonne s'est rendu à l'ennemi.

57. Prenez cette montre avec confiance : l'horloger l'a cru, l'a jugé, l'a dit, l'a assuré excellente.

58. Des hommes qu'on avait dit, qui s'étaient dit capables de gouverner un grand état, se sont à peine trouvé capables de gouverner leurs familles.

59. On a réparé les vaisseaux qu'on a jugé bons à tenir la mer.

60. Le général s'est emparé des plaines qu'il a cru, qu'il a jugé propres à former un camp.

61. Il fut un temps où des brigands pillaient les maisons de ceux qu'on leur avait cité soit comme fonctionnaires publics, soit comme acquéreurs de biens nationaux. (P. 40, n. 51.)

62. Quelque stupides que vous nous ayez supposé. *Quelque* pour quoique, conj. — *Stupides*, adj. de...

63. Ceux qui vous ont connu bonne, Madame, vous ont trouvé bien changé.

64. Il sont tels que je vous les ai dépeint. *Que*, pron. rempl. *tels*, adj. de *les*. (Je vous les ai dépeint tels, ils sont tels.)

65. Elle s'est montré insensible, et s'est déclaré mon ennemie.

66. Je vous ai adressé différens paquets : je voudrais savoir si le commissionnaire vous les a rendu fidèlement. — Il m'en a rendu quatre. — Je l'avais chargé de six. — En ce cas, il y en aurait deux qu'il aurait gardé... *Me* pour à moi, rég. indir. — A rendu... *en quatre* pour *quatre paquets*, rég. dir. (Ce rég. est en deux mots, l'un avant le verbe, l'autre après. *En*, seul avant le v., ne faisant pas changer le partic., on analyse comme si le tout était après le v. Voy. plus loin le § sur les adv. de quant., et sur *en*.

67. Les chapitres que vous avez étudié, contiennent les règles des participes.

68. Récitez la leçon que je vous ai donné.

69. Les livres que vous aviez prêté, vous les a-t-on rendu? P. 40, n. 33.

70. Je reconnais l'erreur qui nous avait séduit.

71. Combien d'ennemis n'a-t-il pas vaincu! N. 8, prés. §.

72. Les chimères que cette femme s'était mis

dans la tête. N. 7. — Elle s'est mis des chimères dans la tête. — Elle s'est mis à la fenêtre.

73. Les hommes se sont bâti des villes.

74. Les écoliers se sont jeté des pierres ; ils se sont jeté à la nage.

75. Elles se sont dit mutuellement des injures, elles se sont parlé ensuite avec plus de raison. — Elles se sont dit filles du gouverneur.

76. Les années se sont succédé. *Se* pour à elles rég. ind. (*Succéder* est toujours neutre. Son rég. est dans le même sens sous la forme pronomin. *Les événemens se succèdent* signifie les uns (événemens) succèdent aux autres. Le partic. de ce v. ne doit donc jamais changer, quoiqu'on le varie souvent.)

77. Les marchandises du Levant se sont très bien vendu.

78. Les cordes de l'instrument se sont relâché.

79. Nous nous sommes aussitôt aperçu de notre erreur.

80. Elles se sont bien repenti de leur imprudence.

81. De funestes passions se sont emparé de son ame.

82. La désobéissance s'est trouvé monté au plus haut point.

83. Elles ne s'étaient pas souvenu de leurs promesses. — Elles ne se seront pas abstenu. (P. 22, n. 43.) — Elle ne se sont pas respecté.

84. Je vous rends vos enfans tels que je les ai reçu. (*Que* après *tel*, n. 64, présent §.)

85. Vous les avez (ces femmes) trouvé telles que je vous les ai dépeint.

86. Cette femme, dont les brigands s'étaient saisi, s'est raillé d'eux. (Voici deux pronom. remarquables. Ils sont formés des act. *saisir, railler;*

et, sous la forme pronom., les rég., qui seraient dir. avec la forme active, deviennent indirects. *Se* est dir., quoiqu'on saisisse et qu'on raille un autre.)

87. Qui pourra raconter les grands événemens qui se sont passé, et qui se sont succédé en Europe depuis quelques années.

88. L'exil d'Ovide sur les bords du Pont-Euxin a beaucoup exercé les commentateurs, qui se sont tourmenté à en chercher la cause.

89. Parcourons tous les lieux où les études ont été considéré, les lettres cultivé; observons les époques où les sciences ont commencé à briller, et montrons les révolutions qu'elles ont éprouvé, soit dans le goût des écrivains, soit dans les opinions qu'ils ont professé.

90. Tous nos amis sont satisfaits. — 91. Elle est venu nous apporter des fleurs. — 92. Elle est allé voir sa sœur aînée.

93. Ils sont survenu au moment où nous ne les attendions pas. — 94. Cette famille est bien déchu des hautes espérances qu'elle avait conçu.

95. Nous vous avons parlé, Mesdames, et vous n'avez pas daigné nous répondre.

96. Mes frères ont chassé des cerfs qu'ils n'ont pas tué.

97. Quelle femme avez-vous aperçu? quels hommes avez-vous rencontré?—98. Quelles plantes avez-vous cueilli? quels arbres avez-vous choisi. P. 23, n. 46 et 47.

99. La lettre que je vous ai écrit, vous l'avez lu sans doute. N. 31, p. 39.

100. Nous nous sommes appliqué à ce travail. — 101. Nous nous étions appliqué des sangsues.

102. Les heures employé à ces frivoles occupations, sont autant de perdues. (*Autant de* pour

Second degré. 5

autant d'heures. *Autant*, adv. de quant., qualific. du suj.)

103. Ils se seraient accordé sur le prix. — 104. Ils ne s'étaient rien accordé mutuellement.

105. Ils se sont abandonné à leur colère. — 106. Ils se sont abandonné tous leurs droits.

107. Ils s'étaient cherché longtemps. — 108. Ils s'étaient cherché querelle.

109. Ils se sont déchiré par des calomnies. — 110. Ils se sont déchiré leurs habits.

111. Ils se sont déguisé en pélerins. — 112. Ils se sont déguisé les motifs de leur conduite.

113. Ils s'étaient dépêché d'arriver. — 114. Ils s'étaient dépêché des courriers.

115. Elles se sont exprimé en termes choisis. — 116. Elles se sont exprimé leurs sentimens.

117. Ils se sont frappé à la tête. — 118. Ils se sont frappé la tête.

119. Elle s'est fait la maîtresse. — 120. Les hommes se sont fait des besoins.

121. Elles s'étaient laissé en chemin. — 122. Elles s'étaient laissé des gages d'amitié.

123. Ils se sont livré à leurs passions. — 124. Ils se sont livré un terrible combat.

125. Ils se sont meurtri de coups. — 126. Ils se sont meurtri la tête.

127. Ils s'étaient persuadé mutuellement. — 128. Ils s'étaient persuadé tout ce qu'ils avaient voulu.

129. Elle s'est piqué au doigt. — 130. Elle s'est piqué le doigt.

131. Ils se sont percé de plusieurs coups d'épée. — 132. Ils se sont percé le cœur.

133. Ils s'étaient soupçonné de trahison. — 134. Ils s'étaient soupçonné des torts.

135. Elles se sont tondu.—136. Elles se sont tondu la tête.

137. Ils se sont trouvé au rendez-vous (nom composé; avec la prép., c'est une circ. de lieu.) — 138. Ils se sont trouvé des défauts.

139. Nous nous sommes tiré à l'écart. (Circ. de lieu.) — 140. Nous nous sommes tiré plusieurs coups de pistolets.

141. Elle s'était brûlé à la jambe. — 142. Elle s'était brûlé la jambe.

XXIV. *Pronominaux qui ont des noms de choses pour sujets.*

Dans la rigueur du raisonnement, les pronom. ne devraient avoir pour suj. que des êtres animés. On conçoit qu'un homme se loue lui-même comme il loue un autre. Mais il semble bisarre de dire qu'une maison se bâtit ; car elle ne se bâtit pas elle-même. Sous le rapport logique, ces sortes de pronom. ont le sens du passif. Une maison s'est bâtie, veut dire une maison a été bâtie. Mais d'après leur forme grammaticale, il y a rég., et il faut savoir s'il est dir. ou indir. Il est dir. comme nous l'avons dit pour *se repentir*, quand il ne veut pas dire évidemment à soi. Ainsi l'analyse étant la même, dites : *s'est bâtie* pour a bâti elle, comme si la maison se bâtissait vraiment elle-même. Nous avons déjà fait remarquer la hardiesse de la langue française dans l'emploi des pronomin. Autre bisarrerie : n. 149, on n'écroule pas quelque chose, et cependant on dit que des édifices se sont écroulés, c'est-à-dire fictivement, ont écroulé eux, puisqu'il y aurait encore bien moins de sens à dire ont écroulé à eux. Ces rég. sont donc plutôt *employ. comme directs*, que vraiment directs, P. 22, n. 43.

—Il y a à la fin du présent §, trois phr. où les pronominaux ont des personnes pour suj. Faites attention surtout à la dernière.

143. Cette maison s'est bâti en quinze jours.

144. De grands monumens se sont élevé pendant ce règne, et se sont achevé presque en même temps.

145. Cette saison s'est écoulé rapidement.

146. Ces choses se sont passé en ma présence.

147. Les portes se sont ouvert et refermé.

148. Cette montagne s'est élevé, s'est affaissé, s'est aplani peu à peu.

149. Ces édifices se sont écroulé. — 150. L'humidité s'est évaporé.

151. Cette maison s'est vendu vingt mille francs.

152. Ces revers s'étaient attribué à des causes inconnu.

153. Ces terres se sont cédé à vil prix. — 154. La conjuration s'est découvert.

155. Les objets mis en vente se sont enlevé sur-le-champ.

156. Cette expédition s'est fait heureusement.

157. Ces toiles se sont assez bien imprimé.

158. Cette scène s'est renouvelé vingt fois.

159. Ses traits se sont retracé à ma mémoire.

160. Ces mots se sont trouvé écrit en toutes lettres.

161. Ces jardins s'étaient loué très cher.

162. Les deux plus puissantes monarchies qui se soient élevé jusqu'alors. N. 7, p. 45.

163. Ils se sont trouvé l'hiver dernier au bal, où ils ont eu une scène fâcheuse.

164. En réfléchissant sur l'action qu'ils avaient commis, ils se sont trouvé innocens; mais traduit en justice, ils se sont trouvé coupable.

165. Ces deux hommes étant devenu ennemi, se sont nui par tous les moyens possibles.

XXV. *Partic. suivi d'un adj. ou d'un nom qualific.*

On a longtemps établi pour règle que si le temps composé est suivi d'un adj. ou nom qualific. qui se rapporte au rég., le participe du temps composé ne doit pas changer. Une bonne analyse a fait généralement rejeter cette exception, qui n'est fondée sur aucun motif raisonnable, et l'on accorde le partic. dans ces phr. comme dans les autres, quand il est précédé d'un rég. dir.

166. Les deux frères se sont fait médecins. (Ont fait eux. *Médecins*, qualific. de *se*.)

167. La sœur s'est fait religieuse. (Ici *religieuse* n'est pas adj.; il est nom qualific., désignant une profession.)

168. La troupe s'est rendu maîtresse du château. — 169. Ils se sont cru les plus forts.

170. Le long usage des plaisirs les leur a rendu inutiles.

171. Il passa par des chemins qu'on avait toujours cru impraticables.

172. Pourquoi Dieu vous a-t-il fait cette défense? (*Vous* est ici au pl.) S'il vous a fait raisonnables, vous devez avoir raison de tout.

173. Les Perses, leurs ennemis, adorateurs du soleil, ne souffraient point les idoles, ni les rois qu'on avait fait dieux.

(Plusieurs des vers suivans sont de Corneille, Racine, Molière et Crébillon. Quelques-uns, entr'autres, 175, et le second de 178 et de 180, n'auraient pas leur mesure, ou, du moins, ils auraient un *hiatus* qui n'est pas souffert dans notre poésie, si le partic. n'était pas au fém. L'exception que le grammairien Restaut a voulu établir, et que d'autres ont adoptée inconsidérément, n'est donc pas fondée, puisque, bien avant lui, de grands écrivains accordaient le participe dans ces sortes de cas.)

174. Les a-t-on vu mutins? les a-t-on vu rebelles?
175. Ma haine va mourir, que j'ai cru immortelle.
176. Voilà ceux que j'ai fait les maîtres des humains.
177. Les poisons que lui-même a cru les plus fidèles,
    Il les a trouvé tous sans force et sans vertu.
178. Il suffit que ma main l'ait une fois touché,
    Je l'ai rendu horrible à ses yeux inhumains.
(*La* dans les deux vers. — A ses yeux, etc., rég. de horrible.)
179. Ces bras que dans le sang vous avez vu baigné.
180. La Grèce en ma faveur est trop inquiété :
    De soins plus importans je l'ai cru agité.
181. ... Et vingt fois, comme ouvrages nouveaux,
    J'ai lu des vers de vous, qu'il n'a point trouvé beaux.
(*Ouvrages nouveaux*, qualific. de *vers*. N. 51, p. 40.)
182. . . . . Ces bons religieux,
    Qui, depuis, affranchis de leurs règles austères,
    Se sont vu dépouillé par des lois plus sévères.

183. D'où vient, dis-je à Narbal, que les Phéniciens se sont rendu les maîtres du commerce de toute la terre?

184. Ils poussèrent des cris de joie (pour *joyeux*...) en revoyant les compagnons qu'ils avaient cru perdu.

185. Ils avaient été les pères de leurs peuples, et les avaient rendu heureux pendant leur règne.

186. Cherchant à soulager la médiocrité de leur fortune par l'usage des talens que vos passions toutes seules ont rendu utiles et recommandables.

187. Ecoutez ceux qui ont approché autrefois de ces hommes que la gloire des succès avait rendu célèbres.

188. Dans les temps appelés fabuleux ou héroï-

ques... héroïques, (adj. répété. On le répète pour l'expliquer.) à cause de ceux que les poètes ont appelé les enfans des dieux et des héros.

189. Lycurgue donnait des lois à Lacédémone ; il est repris de les avoir fait toutes pour la guerre.

190. Il gagna la noblesse, prodigua son sang et sa vie pour assurer au roi cette province, que sa situation et la conjoncture du temps avaient rendu fort importante.

(Crébillon fait dire à une femme : « Qui m'a fait ton esclave, et de qui suis-je née ? » Il faudrait *qui m'a faite* ? Mais d'abord, le vers n'aurait plus en sa mesure ; en second lieu, *qui m'a faite ton...* aurait été fort dur à l'oreille. La difficulté de la versification oblige de passer des licences aux poètes. En prose, où l'on est plus à son aise, on n'est pas autorisé à faire une faute, parce qu'avec l'observation de la règle, la locution ne serait pas harmonieuse : on exprime sa pensée d'une autre manière.

XXVI. *Temps à participes, dont le sujet est après le verbe par inversion.*

La place que le suj. occupe dans la phrase, n'influe en rien sur l'orthog. du partic. Celui-ci s'accorde toujours avec lui, si le v. est passif ou n. avec *être* ; et quant aux v. avec *avoir*, et aux pronom., la position du rég. dir. avant le v., déterminant seule la variab. du partic., la règle n'en subsiste pas moins.

191. La froideur qu'avaient témoigné les Hébreux, déconcertait ses vues. (Que les Hébreux avaient témoignée. Il faut, en analysant, faire disparaître l'inversion, et rétablir la construction ordinaire. Cet exercice est fort utile ; il est même

nécessaire pour entendre sa phrase. C'est pour y familiariser l'élève, que nous citerons un assez grand nombre de vers, l'inversion étant fréquente dans la poésie.)

192. Il se reprochait la mauvaise opinion qu'avaient donné de son bon sens les premiers discours qu'il avait tenu. (*De son bon sens*, rég. de *que*, remplaç. opinion. Les premiers discours donnaient une mauvaise opinion de son bon sens. En remplaçant les pronoms, on n'est jamais embarrassé.)

193. Pauvre Didon, où t'a réduit
De tes maris le triste sort?
L'un, en mourant cause ta fuite,
L'autre, en fuyant, cause ta mort.

194. Il ne peut rien offrir aux yeux de l'univers,
Que de vieux parchemins qu'ont épargné les vers.

195. Se rappelant encor tous ces fameux combats,
Que pour ces Grecs chéris avait livré son bras.

196. Les trois qu'aura d'abord couronné la victoire,
Auront leur prix à part, aussi bien que leur gloire.

197. Et vous, que j'ai reçu, vous, qu'ont serré mes bras,
O Troyens! ma douleur ne vous accuse pas.
(*Vous*, circ. appellat. — *Vous*, cir. appell. répétée. —
O Troyens, circ. appell. rép., explicative des deux *vous*.)

198. Dans les murs qu'ont bâti ces nobles étrangers,
Nous avons vu leur chef, que Laurente réclame.

199. . . . . Tantôt dans son bassin
Reportant les cailloux qu'avait vomi son sein,
Il ramène sur lui ses ondes fugitives.

200. . . . . Oui, je sais, Acomat,
Jusqu'où les a porté l'intérêt de l'état.

201. Vous avez cru des bruits que j'ai semé moi-même.
(Ici, il n'y a pas d'inversion : il y a pléonasme, pour donner plus de force, *moi-même*, suj. rép.)

202. Ces yeux que n'ont ému ni soupir ni terreur...

203. Donnez. Dites, Arcas, au roi qui me l'envoie,
Que de tous les présens que m'a fait sa bonté,
Je reçois le plus cher et le plus souhaité.

204. Fuis, et si tu ne veux qu'un châtiment soudain
T'ajoute aux scélérats qu'a puni cette main.

205. . . . . , ... Tour-à-tour entraîné
De l'éloquent Buffon à ce docte Linné,
J'entendrai les savans qu'a formé leur génie.

                             (N. 28, pag. 33.)

206. Vous distinguez ces monts, lents ouvrages de l'onde,
Ceux que dès feux soudains ont lancé dans les airs.
  (*Ceux*, 2ᵉ rég. dir. de distinguez.)

207. Viens présenter au goût ces riches accidens,
Que de ses lentes mains a dessiné le temps.
  (*De ses lentes mains*, circ. d'instrument. avec ses...)

208. Rien ne me retient plus, et je puis dès ce jour
Accomplir le dessein qu'a formé mon amour.

209. Ainsi, dans leurs forêts, les crédules humains
Craignaient ces dieux affreux qu'avaient forgé leurs
                              mains.

210. Et fais que je dévoile en mes vers solennels,
Des objets que jamais n'ont vu les yeux mortels.

211. A peine en leur pays, ont bien vite oublié
Les sermens qu'avait fait leur trompeuse pitié.

212. Des sermens qu'ont souillé le meurtre et l'adultère...

213. Nœuds sanglans qu'ont formé le meurtre et l'adultère...

214. Marius se découvrit la poitrine, qu'il fit
voir toute couverte des cicatrices que lui avaient
laissé les blessures qu'il avait reçu.

XXVII. *Participes séparés de leur auxiliaire par un régime direct.*

On trouve dans les poètes qui ont précédé le
siècle de Louis XIV, et souvent encore dans ceux
de ce siècle, une licence que l'on ne se permet
guère aujourd'hui, et qui consiste à mettre le rég.
dir. entre l'auxiliaire et le participe. Dans ce cas,
puisque le rég. dir. est avant le partic. on suit la
règle ordinaire de l'accord. C'est probablement
cette locution qui a introduit l'usage de changer
le partic. précédé du rég. dir. On ne pouvait écrire

troublé à côté de *la pièce*, dont, par la construction, il paraît l'adj. Comme on ne peut dans l'analyse séparer l'auxiliaire de son partic., dites le rég. avant le verbe entier, afin d'avoir le droit de déclarer le partic. var. *La pièce*, rég. dir. — *A troublée*, parf. indéf. act., var. s. f.

215. Et de son grand fracas surprenant l'assemblée,
    Dans le plus bel endroit à la pièce troublée. (*Molière*)
216. Il m'a droit dans ma chambre une boîte jeté.
                                 (*Le même.*)
217. Il a par sa valeur cent provinces conquis. (*Malherbe.*)
218. . . . . Et la première épée
    Dont s'est armé Rodrigue, a sa trame coupé.
                                 (*Corneille.*)
219 . . . . J'ai maints chapitres vu
    Qui pour néant se sont ainsi tenu. (*La Fontaine.*)
220. Combien de fois la lune a leurs pas éclairé. (*Le même.*)
221. Il veut parler, l'écorce a sa langue pressé. (*Le même.*)
222. Ils m'ont l'ame et l'esprit, et la raison donnée.
                                 (*Le même.*)
223.   Un certain loup, dans la saison
    Que les tièdes zéphirs ont l'herbe rajeuni. (*Le même.*)
224. Il avait dans la terre une somme enfoui. (*Le même.*)
225. Aucun étonnement n'a sa gloire flétri. (*Corneille.*)
226. Le seul amour de Rome a sa main animé. (*Le même.*)
227. . . . . S'il en est ainsi,
    Et qu'aucun de leurs morts n'ait nos têtes rompu,
        Si tant de mers se sont tu,
        Que ne vous taisez-vous aussi? (*La Fontaine.*)
228. O Dieu dont les bontés de nos larmes touché,
    Ont aux vaines fureurs les armes arraché! (*Malherbe*)
229. La valeur d'Alexandre a la terre conquis. (*Racine.*)

Autres vers de Racine, avec la construction ordinaire.

230. . . . . Du haut de la muraille
    Je les ai vu déjà tous rangé en bataille.
231. Le moindre des tourmens que mon cœur a souffert,
    Egale tous les maux que l'on souffre aux enfers.

2. Le ciel promet la paix au sang de Ménécée;
   Accordez-la , Seigneur, mon fils l'a commencée.
13. Tout autre aurait voulu condamner ma pensée,
   Et personne en ces lieux ne te l'eût annoncée.
14. Heureuse mille fois , si ma douleur mortelle
   Dans la nuit du tombeau m'eût plongée avec elle !
(Nous écrivons le partic. au fém., quand il est précédé
s rég. dir. *la,* où *a* est remplacé par l'apostrophe , et
e , *te* , *vous* , se rapp. à une femme , afin qu'on voie que
s rég. dir. sont féminins.)
35. Mais en vain je vous presse, et mes propres forfaits
   Me font déjà sentir tous les maux que j'ai fait.
36. Voyez de toutes parts les trônes mis en cendres ,
   Les peuples asservi et les rois enchaîné ;
   Et prévenez les maux qui les ont entraîné.
37. Demandez-le, Seigneur, à cent peuples divers
   Que cette paix trompeuse a jeté dans les fers.
38. Il présente la paix à des rois aveuglé,
   Et retire la main qui les eût accablé.
39. Nos peuples qu'on a vu triomphans à sa suite ,
   Repousser les efforts du Persan et du Scythe ,
   Et tout fiers des lauriers dont il les a chargé, etc.
140. . . . . Et sa valeur trompé,
   Des maux que j'ai prévu se voit enveloppé.
141. Mais s'ils avaient suivi mes conseils où mes vœux,
   Je les aurais sauvé ou combattu tous deux.
242. Font lire sur leurs fronts justement courroucé ,
   Le repentir du crime où tu les as forcé.
243. Tant qu'on l'a vu suivi d'une puissante armée,
   Ses forces, ses exploits, ne m'ont point alarmée.
244. Ces cœurs qui, dans un camp, d'un vain loisir déçu ,
   Comptent en murmurant les coups qu'ils ont reçu.
245. Mais que ferait-il seul contre toute une armée ?
   En vain ses grands efforts l'ont d'abord alarmée.
246. Et je trouvai d'abord ses princes rassemblé ,
   Qu'un péril assez grand semblait avoir troublé.
247. Mais je l'ai vue enfin me confier ses larmes.
248. Et dans toute la Grèce il n'est point de familles ·
   Qui ne demandent compte à ce malheureux fils,
   D'un père ou d'un époux qu'Hector leur a ravis.
(Il faudrait *ravi,* le *que* remplaç. deux noms liés par *ou,*
qui est ici disjonctif, et non copulatif, comme *et.* Hector

n'a pas ravi aux mêmes familles un père et un époux : il a
ravi l'un des deux. C'est une licence du poète.)

249. Quels charmes ont pour vous des yeux infortunés
Qu'à des pleurs éternels vous avez condamné ?

250. Je souffre tous les maux que j'ai fait devant Troie.

251. Je suis donc un témoin de leur peu de puissance,
Je les ai méprisé.....

252. Pensez-vous, quand Pyrrhus vous l'aurait accordée,
Qu'un prétexte tout prêt ne l'eût pas retardée ?

253. Sans espoir de pardon m'avez-vous condamnée ?

254. Le cruel ! de quel œil il m'a congédiée !

255. Et puisqu'il m'a forcée enfin à le vouloir...

256. Je les ai pour vous seul entraîné dans le temple.

257. . . . . Et quand je l'ai servie,
Elle me redemande et son sang et sa vie !

258. Ah ! de vos premiers ans l'heureuse expérience
Vous fait-elle, Seigneur, haïr votre innocence ?
Songez-vous au bonheur qui les a signalé ?
Dans quel repos, ô ciel, les avez-vous coulé !

259. Burrhus, avez-vous vu quels regards furieux
Néron, en me quittant, m'a laissé pour adieux ?

260. Dans le temple des Juifs un instinct m'a poussée.

261. Se repent-il déja de m'avoir appaisée ?

262. Cruelle ! quand ma foi vous a-t-elle déçue ?
Songez-vous qu'en naissant mes bras vous ont reçue ?

263. Madame, au nom des pleurs que pour vous j'ai versé,
Par vos faibles genoux que je tiens embrassé,
Délivrez mon esprit de ce funeste doute.

264. A-t-il pâli pour moi, me l'a-t-il arrachée ?

265. Et l'un et l'autre camp les voyant retiré,
Ont quitté le combat et se sont séparé.

266. Il le voit, il l'attend, et son ame irrité
Pour quelque grand dessein semble s'être arrêté.

267. Je sais qu'en l'attaquant cent rois se sont perdu.

268. Mais enfin contre moi sa vaillance irrité
Avec trop de chaleur s'était précipité.

269. . . . . . . A ce discours, ces héros irrité
L'un sur l'autre à la fois se sont précipité.
Nous nous sommes en foule opposé à leur rage.

270. Mais que vos yeux sur moi se sont bien exercé !
Qu'ils m'ont vendu bien cher les pleurs qu'ils ont versé !

271. . . . . Je me suis quelquefois consolée
Qu'ici plutôt qu'ailleurs le sort m'eût exilée.
272. A qui même en secret je m'étais destinée.
273. Dis-moi, ne t'es-tu point présentée à sa vue?
L'ingrat a-t-il rougi quand il t'a reconnue?
274. Sans doute à cet objet sa rage s'est ému;
Mais du haut de la porte enfin nous l'avons vue
Un poignard à la main.
275. A vous donner Junie elle s'est engagé.
276. Au joug depuis longtemps ils se sont façonné.
277. La porte du sérail à ma voix s'est ouvert,
Et d'abord une esclave à mes yeux s'est offert.
278. La perfide abusant de ma faiblesse extrême,
S'est hâté à vos yeux de l'accuser lui-même.
279. A l'injuste Athalie ils se sont tous vendu.
280. Je me figure encor sa nourrice éperdue,
Qui devant ses bourreaux s'était jeté en vain.
281. Des enfans de Lévi la troupe partagé,
Dans un profond silence aux portes s'est rangé.
282. Ce Dieu que tu bravais, en nos mains t'a livrée :
Rends-lui compte du sang dont tu t'es enivrée.
283. Je la vis massacrer par la main forcenée,
Par la main des brigands à qui tu t'es donnée.

(Voltaire.)

284. Dis-leur que dans son sang cette main s'est plongé,
Dis que je l'adorais, et que je l'ai vengée. (Le même.)

XXVIII. *Verbes impersonnels ou employés impersonnellement.*

Les phrases que nous allons citer jusqu'à la fin de ce Traité, loin d'être des exceptions à la règle générale sur l'accord des participes, en sont la conséquence; mais elles exigent une étude et des réflexions particulières, parce qu'elles ne sont pas aussi faciles à analyser que les phrases citées précédemment.

Quant aux v. impers. et employés impersonnellement, relisez avec attention le n. 15, p. 25, et le §XVI, p. 35 : vous y trouverez l'analyse, très simple, de ces sortes de verbes. C'est faute d'avoir bien compris le rôle des noms ou pronoms dans ces cas, que des grammairiens ont donné des analyses si forcées.

285. Il y a eu des malades (Des malades ont été.) *Il y a eu*, parf. indéf. impers. composé, participe inv. parce qu'il n'y a pas de rég. dir. — *Des malades*, suj. rép. — Les malades qu'il y a eu (Qui ont été.) *Les malades*, suj. d'un v. qui manque. — *Que*, rempl. les malades, suj. double de il y a eu. (P. 38, n. 67.)

286. Il s'est glissé des fautes. (Des fautes se sont glissées, analysez comme le n. 15, p. 25. Ajoutez: le partic. var. s. m., se rapp. à son rég. dir. *se*.) — Il est arrivé de grands malheurs. (Des malheurs grands sont arrivés.) *Il est arrivé*, parf. indéf. n. empl. impers., var. s. m., se rapp. au suj. *il*...

Dans les deux phr. du n. 285, le partic. est inv. parce que le v. est avec *avoir*. Dans celles du n. 286, il est var. dans la première, parce que le pronom a un rég. dir. *se*; mais ce rég. remplace grammaticalement *il*, et non *des fautes*. Il est donc s. m.; dans la seconde, parce que le v. est n. avec *être*; mais il se rapporte grammaticalement à *il*, qui est placé le premier, et avant le v., et non à *des malheurs*. Il est donc vrai, comme nous l'avons dit : 1° qu'avec un v. impers. ou employé impers., il n'y jamais de rég. dir., excepté quand l'impers. est en même temps pronominal, mais ce rég. est s. m.; 2° que le partic. de ces sortes de v. s'écrit toujours au s. m., même lorsqu'il est var. en principe, n. 4, p. 44. Il n'y a donc pas, pour les impers., d'exceptions à la règle des partic., comme des grammairiens l'ont prétendu; il y a seulement construction particulière, et quelquefois bisarre. Au reste, ces bisarreries, comme celles que nous avons remar-

quées dans plusieurs pronomin., ont leur mérite :
elles donnent plus de vivacité à la phrase.

287. Il ne s'était pas présenté assez de soldats.
Assez, suj. rép.

288. On a quelquefois toléré des abus, à cause
des inconvéniens qu'il y aurait **eu** de les sup-
primer.

289. La sécheresse qu'il a fait, a nui au foin.
(N° 16, p. 36.)

290. Les grandes chaleurs qu'il y a eu, ont été
favorables à la vigne.

291. Les remèdes qu'il a fallu dans cette maladie, ont coûté fort cher. (Qui ont été nécessaires. N° 67, p. 38.)

292. Quelle aventure vous est-il arrivé ? *Quelle
aventure*, double sujet.

293. Quelle aventure vous est arrivée ? (Ici, il
n'y a pas de forme impers.)

294. Quelle difficulté s'était-il présenté ?

295. Quelle difficulté s'était présenté ?

296. Quels soins n'a-t-il pas fallu pour réussir !

297. De tous les prisonniers qu'il y a eu en An-
gleterre, c'est le plus malheureux. On ne saurait
se faire une idée de tous les maux qu'il y a eu à
endurer. (Ce dernier *il y a eu* n'est pas impers. *Il*
est déterminé. *Y* signifie *là*, dans cet endroit.
Pierre a eu là des maux à endurer.)

298. Quelle différence y aurait-il eu si vous aviez
fait un autre choix ?

299. Le général a pris les hommes qu'il lui a
fallu pour une expédition aussi importante.

300. C'est une question de savoir s'il les lui a
vraiment fallu. (S'ils lui ont été nécessaires.) —
Les, pron. rempl. les hommes, sujet double. —
Lui, rég. ind. — Il a fallu...

301. Il se sera élevé une contestation sérieuse

sur la question de savoir s'il y a eu assez de résis-
tance faite.

302. Il est venu une jeune dame pour vous
voir.

303. Rappelez-vous les humiliations qu'il vous
en a coûté. (*En*, part. explét. — *Coûter*, neutre
comme *valoir*, p. 35, n. 9.)

304. Il s'était rassemblé ici une foule de gens.

305. Il est arrivé six personnes pour le dîner.

XXIX. *Participes précédés de deux régimes.*

Le rég. indir. n'a aucune influence sur l'orthog.
des partic., pas plus que le suj. dans les v. avec *avoir*.
S'il y a deux rég., *avec des rapports différens*,
avant le verbe, il faut distinguer celui qui est dir.,
afin d'y accorder le partic. Remarquez bien que
si vous distinguez nettement un des deux, vous
êtes, par cela seul, assuré que l'autre est le contraire, c.-à-d., que si l'un est dir., l'autre est indir.,
et *vice versá*. Cette observation est importante,
surtout pour les pronomin., dans plusieurs des-
quels le rég. dir. est, comme nous l'avons vu, une
fiction plutôt qu'une réalité. Ainsi, dans *elle s'est
repentie de ses fautes*, puisque le nom de la chose,
de ses fautes, est indir., je dis avec certitude que
se, rég. personnel, est direct, quelque obscurité que me laisse la locution non française, et
même dénuée de sens, *elle a repenti elle*.

306. On ne s'imagine pas tous les piéges que
ces personnes se sont tendu depuis qu'elles sont
devenu ennemies. (Puisque *tous les piéges* est
évidemment dir., *se* signifie *à elles*.)

307. Non, les divers fléaux, tant de maux nécessaires,
  Dont l'homme ne peut fuir ni détourner les traits,
  Ne sont rien près des maux que lui-même il s'est fait.

(*Dont* est régime de *.traits*. Remplacez-le. Vous aurez :
l'homme ne peut fuir ni détourner les traits *des maux ,
des fléaux.*)

3o8. Toutes les dignités que tu m'as demandé,
    Je te les ai sur l'heure et sans peine accordé.
3o9. Et que ses yeux cruels, à pleurer condamné,
    Me rendent tous les maux que je leur ai donné.
3ıo. Va lui jurer la foi que tu m'avais juré.

3ıı. Qui pourra les dédommager des peines in-
finies qu'ils se sont donné pour faire réussir leur
établissement ?

3ı2. Malgré tous les talens , vous ne parvien-
drez pas à une élévation durable, si vous négligez
la vertu que je vous ai souvent recommandé.

3ı3. Que faites-vous en vous occupant de choses
que je ne vous ai pas prescrit, et en négligeant
les devoirs que je vous ai donné?

3ı4. Souvenez-vous des bons principes que des
parens honnêtes et des maîtres attentifs vous ont
inspiré dès l'enfance.

XXX. *Régimes suivis de deux verbes.*

V. p. 20, n. 27, la méthode sûre que nous
avons donnée pour distinguer duquel des deux
v. le rég. dépend. Si le second verbe est n. , ou est
lui-même accompagné de son rég. , celui qui précède les deux v. dépend nécessairement du premier. N. 3ı9, pour le neutre, 357 et 358 pour le
rég. qui est au second verbe.

3ı5. Je me suis trouvé dans un concert où il y
avait de bonnes musiciennes. C'est avec bien du
plaisir que je les ai entendu chanter. (On ne chante
pas les musiciennes, donc *les* est rég. dir. de ai
entendu.)

3ı6. Connaissez-vous les chansons nouvelles?

les avez-vous entendu chanter? (On chante les chansons, donc *les* dépend de chanter.)

317. On a jeté des pierres dans les vîtres : je les ai vu tomber. — Ce n'est point assez : il faudrait les avoir vu lancer, ou voir la main qui les a lancé.

318. Dans l'ardeur qui les dévore, leur imagination leur retrace ces ruisseaux argentés qu'ils ont vu couler au travers des gazons, ces sources qu'ils ont vu jaillir du sein d'un rocher, et serpenter dans les prairies.

319. Cette nuit, je l'ai vue arriver en ces lieux.
320. De jeunes serviteurs que son toît à vu naître,
    Animent la maison et bénissent leur maître.

321. A peine l'avons-nous entendue parler.

322. Dans la peur qu'il ne lui arrivât ce qui est arrivé à quelques autres de mes pièces, que j'ai vu devenir publiques avant même que je les eusse mis sur le papier.

323. Ces comédies sont bonnes : je les ai vu jouer à Fontainebleau.

324. Que dites-vous de ces actrices? je les ai vu jouer passablement.

325. Les courriers que j'ai vu arriver, étaient fort las.

326. Voilà une petite fille que j'ai vu naître.

327. Les habitans qu'on a forcé de sortir de la ville, erraient dans les campagnes.

328. J'ai cru reconnaître la voix de la personne que j'ai entendu parler.

329. Les scélérats qu'on a condamné à mourir, recevront aujourd'hui la peine de leurs forfaits.

330. Je vous rapporte exactement les paroles que j'ai pu entendre.

331. Voilà les livres que vous avez paru désirer.

332. Ne retombez donc plus dans les fautes que vous avez résolu d'éviter.

333. Un autre a eu la place qu'on avait promis de vous donner.

334. Voici les indignes moyens qu'il se sont cru permis contre nous. (Ils ont cru des moyens permis à eux.)

335. Voici les indignes moyens qu'il se sont cru permis d'employer contre nous. (Ils ont cru permis à eux d'employer des moyens. *Permis*, partic. passif, adj. sans rapport déterminé, n° 134, p. 39. C'est comme s'il y avait l'imperson. *qu'il leur était permis*.)

336. Êtes-vous content des enfans que vous avez entendu lire ?

337. Racontez-moi les nouvelles que vous avez entendu lire ?

338. J'ai été attendri des pleurs que je leur ai vu verser. (L'usage admet, dans certains cas, des régimes indirects, tandis que l'exactitude grammaticale demanderait un régime direct. C'est un des cas nombreux dans la langue, où l'on sacrifie la rigueur des principes à la clarté et à l'euphonie (prononciation douce). Ainsi l'on dit, en parlant d'une femme et d'une médecine : *Je la lui verrai boire*, pour ne pas dire : *Je la verrai la boire*. Dans ce cas, puisque le régime a la forme indirecte, il faut suivre la règle, et ne pas accorder le participe.)

339. Les sottises que je leur ai vu faire.

340. Avez-vous compté toutes les fautes que vous lui (à cette dame) avez entendu faire dans une demi-heure de conversation ?

341. Quelles sont les fautes (dit une dame) que vous m'avez vu faire ? (Il semble qu'on pourrait analyser le *me* de cette phrase comme régime direct. Cependant, puisque dans la phrase précédente, *lui* est certainement indirect, la construc-

tion étant la même dans la seconde, la même analyse doit avoir lieu. Le mieux, au reste, est d'éviter ces sortes de constructions, que la nécessité peut seule faire excuser dans un petit nombre de cas.)

342. Savez-vous la leçon que je vous ai donné à étudier, (ou) que je vous ai recommandé d'étudier?

343. Nous avons triomphé de tous les obstacles que nous avons eu à surmonter. (*Que je vous ai donnée à étudier, que vous avez eus à surmonter,* et autres phr. de ce genre, présentent un cas particulier. La réponse va bien sur les deux verbes : Qu'est-ce qu'on étudie ?... Une leçon. — Qu'est-ce que j'ai donné ?... Une leçon. — Qu'est-ce qu'on surmonte ?... Des maux. — Qu'est-ce que nous avons eu ?... Des maux. Des grammairiens disent de rapporter le rég. au second verbe ; d'autres, de le rapporter au premier ou au second à volonté. Ce sont deux erreurs. Il y a dans ces sortes de phrases un gallicisme, d'après lequel l'infinitif actif est mis pour la rapidité de l'expression, à la place de l'infinitif passif. Je vous ai donné une leçon à étudier, nous avons eu des maux à surmonter, signifient évidemment, je vous ai donné une leçon pour être étudiée, nous avons eu des maux pour être surmontés. Les *que* remplaç. *la leçon* et *les maux*, sont donc bien certainement rég. dir. de *ai donnée*, et *avons eus*, et par conséquent les partic. s'accordent. Cette tournure se trouve particulièrement avec les v. *avoir, donner, laisser.* Ajoutez donc à la méthode indiquée p. 20 , n° 27, la modification suivante :

« Si un rég. dir. est suivi de deux verbes, dont le second est à l'infinitif avec la prép. *à*, et si la ré-

(73)

ponse va bien sur chacun des deux v. séparément,
rapportez le rég. au premier. »

344. Mes écoliers se sont assez bien tiré des sujets de composition que je les avais engagé à traiter. (Ici, on ne pourrait répondre le rég. dir. *des
sujets* sur les deux verbes, et *traiter* ne pourrait
être tourné par le passif. D'ailleurs, *avais engagé*
a son rég. particulier. *Que* est donc rég. de *traiter*.

345. Ils avaient supporté avec courage tous les
revers qu'ils avaient eu à essuyer.

346. Je n'ai jamais approuvé les raisons que
vous avez cru que je trouvais bonnes. (Ces deux
que, si près l'un de l'autre, ne sont pas d'un bon
style. Mais quelle que soit la phrase, le *que* qui est
la suite du v., est nécessairement conjonction. Le
que qui est avant les deux v., est donc rég. de
trouver. D'ailleurs, questionnez d'après la méthode p. 20, n° 27.)

347. C'est une chose que j'ai pensé que vous
aviez appris dans le temps.

348. Vous auriez pu éviter toutes ces peines
que j'avais bien prévu que vous auriez... que j'a-
vais bien prévu. (Il y a deux variantes dans la
phrase. Analysez chacune séparément, comme si
elle était seule.)

349. Je n'ai pu malheureusement subvenir aux
embarras que j'ai su (ou) que j'ai vu que vous
aviez.

350. Avez-vous exécuté la résolution que vous
aviez pris d'aller à la campagne ?

351. Cet officier avait pris toutes les mesures de
prudence que le général lui avait ordonné de prendre... lui avait recommandé.

352. Entendez-vous la règle que j'ai commencé
à vous expliquer ? (Quoiqu'il y ait un infinitif avec
à, la réponse n'irait pas sur chacun des deux v.)

353. Les fortifications que l'on a commencé...
que l'on a commencé à construire, seront-elles
bientôt achevé ?

354. Les mathématiques que vous n'avez pas
voulu que j'étudiasse, sont très utiles.

355. Ceux qui agissent, sont les mêmes créan-
ciers que ceux que nous avons vu agir avant votre
départ. (*Que ceux* signifie *ceux là sont les mêmes.*
Que, après *le même*, est adj. comme après *tel.*
P. 51, n° 64. — *Que*, pron. rempl. *les mêmes*, adj.
de ceux. — *Ceux*, suj. de *sont*, sous-entendu...

356. Je les ai vu prendre la fuite. — Je les ai vu
prendre par la garde. (*Voy.* les phr. 593 et suiv.,
et les observations.)

357. Je les ai vu voler des fruits. (Note en tête
du présent §.)

358. Je les ai entendu blâmer leurs camarades.
Ibid.

359. L'action que j'ai entendu blâmer, est vraiment condamnable.

360. Il se trouva entraîné hors de la route qu'il
avait résolu de suivre.

361. Voilà les ennemis que la reine a eu à com-
battre, et que ni sa prudence ni sa douceur n'ont
pu vaincre.

362. On voyait plusieurs de ces rois sévèrement
puni, non pour les maux qu'ils avaient fait, mais
pour les biens qu'ils auraient dû faire.

363. La guerre ne se faisait pas, comme nous
l'avons vu faire du temps de Louis XIV. Les armées n'étaient pas aussi nombreuses ; aucun général, depuis le siège de Metz par Charles-Quint,
ne s'était vu à la tête de cinquante mille hommes.
(*A la tête* pour *chef*, circ. modific.)

364. On vous a fait une gratification que vous
n'auriez pas osé espérer.

(75)

365. Cette comparaison est bonne ; mais je l'ai déjà entendu faire à d'autres personnes. (Rég. ind. à la place du rég. dir., pour la clarté, n° 338.)

366. La grâce qu'ils ont envoyé demander, a été accordée.

367. L'éruption du Vésuve est un de ces spectacles que la nature semble s'être réservé de montrer seule à l'admiration de l'homme, comme le lever du soleil, etc. (*Le lever*, suj. de *est*, sous-entendu.)

368. Voilà le sujet des larmes que tu m'as vu verser. (N° 341.)

369. Timoléon fit revenir les habitans que la cruauté du tyran avait forcé de s'exiler.

370. Ses maladies lui ôtèrent la consolation qu'elle avait tant désiré, d'accomplir ses premiers desseins. (Phrase de Bossuet, qu'il ne faudrait pas imiter : elle serait plus claire, s'il y avait *celle* avant *d'accomplir*.)

371. Les embarras que j'avais prévu que vous auriez... Les embarras que j'avais prévu, vous ont ôté les moyens de nous être utile. (*Nous* pour à n., rég. d'utile. — Utile, adj. de...)

372. Les secours que j'ai cru (ou) que j'ai attendu que vous me donneriez... que j'ai attendu de vous, ont soutenu mon courage.

373. J'étais rassuré par la conduite que j'ai supposé que vous tiendriez dans cette occasion.

374. L'hôte était fâché de me voir partir, à cause de la dépense qu'il avait compté que je ferais chez lui.

375. Enfin sont arrivé les lettres que j'avais prévu que vous recevriez.

376. Les personnes bienveillantes que j'ai déterminé à prendre mes intérêts, y ont mis tout le zèle possible.

377. Mes raisons, que j'avais espéré qu'on ap-
prouverait, ont été rejetées.

378. Elle employait cette prière, qu'elle avait
dit être celle du malade. (*Celle*, qualific. de *que*.)

379. Ils s'étaient proposé pour pacificateurs de
nos troubles domestiques ; mais quelle fin s'étaient-
ils proposé ? Ils s'étaient proposé de nous asservir.

380. Tous ces échafaudages, qu'ils ont employé
tant de temps à bâtir, se sont écroulé en un seul
jour.

381. Pénélope n'aura pu résister à tant de pré-
tendans ; son père l'aura contraint d'accepter un
nouvel époux.

382. La plante mise en liberté garde l'inclinai-
son qu'on l'a forcé à prendre.

383. Je nourris l'espérance que j'ai conçu de
leur échapper.

384. Les maisons qu'on a commencé à bâtir, ne
seront pas achevé avant dix ans.

385. Les personnes que j'ai entendu me blâmer
d'abord, m'ont ensuite applaudi.

386. Les étoffes que nous avons appris à fabri-
quer, sont du plus grand prix.

387. Les nouvelles que nous avons appris, sont
très satisfaisantes.

388. L'habitude qu'ils se sont fait de médire,
rend leur société fort dangereuse.

389. La leçon que vous avez désiré que j'étudiasse, est difficile.

390. Les secours qu'ils se sont empressé de me
donner, m'ont sauvé la vie.

391. Les secours que vous avez espéré que j'ob-
tiendrais, se sont réduit presque à rien.

392. Les fausses nouvelles qu'ils se sont avisé
de débiter, ont répandu beaucoup d'alarmes.

393. Tous les soins que vous m'avez recommandé de lui donner.

394. La servante que j'ai envoyé chercher du pain, n'est pas revenue.

395. La personne que j'ai envoyé chercher, ne vient pas.

396. Le fils d'Ulysse comprit la faute qu'il avait fait, d'attaquer ainsi le frère d'un des rois alliés.

397. Ne faites rien qui ne soit digne de ces grands exemples, et des maximes de vertu que j'ai tâché de vous inspirer.

398. Je ne révèle pas même ici tant de grandes actions qu'elle a tâché de rendre secrètes.

399. Nous ne te demandons pas que tu pardonnes à ceux que tu as résolu de faire mourir.

400. Les accusateurs de Manlius lui reprochaient ses discours séditieux, et les changemens qu'il avait proposé de faire dans le gouvernement.

401. L'alliance que Judas avait envoyé demander, fut accordée.

402. Cette actrice s'est entendu applaudir.

403. Les acteurs que j'ai vu siffler, le méritaient bien. (*Le* pour cela...)

XXXI. *Participes* fait, laissé, *suivis d'un infinitif.*

Pour le v. *faire*, suivi d'un infinitif, V. p. 17, n. 11. Il résulte de l'analyse indiquée : 1° que le partic. *fait*, suivi d'un infinitif, *ne change jamais*, parce que, s'il y a un rég. dir. devant, ce rég. ne dépend ni du premier ni du second verbe : il appartient aux deux, qui sont inséparables pour le sens, et qui sont *empl. comme un seul actif;* 2° par la même raison, qu'on ne peut mettre ces verbes réunis au passif, lors même que l'infinitif est actif. *Etre fait mourir*, qu'on entend quelque-fois, est un lourd barbarisme.

404. Avez-vous vu la maison que j'ai fait bâtir?

405. Pourquoi avez-vous laissé partir la personne qui s'est présenté, et ne l'avez-vous pas fait entrer?

406. Voilà bien des fruits perdus, que la grêle a fait tomber.

407. Après nous avoir fait sortir d'un côté, on nous a fait rentrer de l'autre. — La malheureuse! on l'a fait mourir de chagrin.

408. Les pertes que mes débiteurs m'ont fait éprouver, sont irréparables.

409. Il lui a fallu bien du courage pour ne pas succomber aux maux que ses ennemis lui ont fait endurer. (... *Bien*, adv. de quant. — *Bien du courage* (un grand courage), suj. rép., p. 47, n. 8.)

410. Quand ferez-vous venir vos enfans? Je les ai fait venir à la campagne, il n'y a pas plus de huit jours.

411. Leurs ombres étaient au-delà des eaux du Styx, que le vieux Caron leur avait fait passer. (Quoiqu'on dise *faire passer quelqu'un*, parce qu'il n'y a pas un rég. de chose, on est obligé de dire faire passer l'eau *à quelqu'un*. Il faut donc *leur*, non pour l'oreille, d'après le n. 338, mais parce que *avait fait passer* est considéré comme un seul v., et qu'un v. ne peut avoir deux rég. dir. avec des rapports différens. Note en tête du § XXIX, p. 68, et n. 26, p. 25.)

412. Ils ont trouvé bien bonnes les cerises que je leur ai fait manger.

413. La musique que je leur ai fait apprendre, leur a été d'une grande ressource dans cette circonstance.

Participe laissé.

414. Ces jeunes gens se sont battus : pourquoi ne les en avez-vous pas empêché? Pourquoi les avez-vous laissé se battre (Note en tête du § XXX, p. 69.)

415. La chouette dit à la cigale : Puisque tes chants, qu'on prendrait pour les sens harmonieux de la lyre d'Apollon, ne m'ont pas laissé dormir. *Ibidem.*

416. Votre mère s'est laissé tromper. — Vos parens se sont laissé duper.

417. Votre sœur s'est laissé insulter. — Vous l'avez laissé insulter. (Qu'est-ce qu'on trompe?... qu'est-ce qu'on dupe?... qu'est-ce qu'on insulte?...)

Ce partic. a occasionné une longue guerre entre les grammairiens. Les uns, d'abord en petit nombre, soutenaient avec raison la variabilité, lorsque le rég. qui précède les deux v., dépend de *laisser;* les autres voulaient l'invar. dans tous les cas. Ceux-ci se fondaient sur l'opinion que *laisser tomber,* offre la même construction que *faire tomber.* Si la construction paraît la même lorsqu'on présente les deux locutions isolément, il y a entre elles une différence notable pour l'analyse, et même pour la construction de beaucoup de phrases avec des accessoires. On ne peut séparer *faire* de l'infinitif qui le suit, tandis qu'on en sépare souvent le v. *laisser.* Si la phr. et le rég. sont courts, on met celui-ci, *pour l'oreille,* après les deux v. *On a laissé mourir cette femme.* Mais il ne résulte pas de là que cette phr., bien analysée, soit la même que celle *on a fait mourir cette femme.* En voici la preuve de fait :

Prenez les six phr. ci-après, 420 à 425. Au lieu

des petits pronoms régimes, qui sont nécessairement avant les deux verbes, mettez un nom avec
ou sans adjectif; alongez encore les phr. en ajoutant des circ. au second v., afin qu'elles ne finis-
sent pas par un infinitif court, qui fait une chute
peu harmonieuse, vous aurez des phr. très françaises, dans lesquelles *laissé* sera séparé de son
v. « 420. Il a laissé sa jeune fille sortir de la mai-
» son. 421. On a laissé cette malheureuse femme
» mourir d'inanition. 422. Vous avez laissé votre
» sœur dormir d'un long sommeil. 423. Il a laissé
» sa plus proche parente tomber dans la misère.
» 424. On a laissé les détenus s'évader de la prison.
» 425. Vous avez laissé vos fils croupir dans l'i-
» gnorance. »

Faites maintenant le même essai en substi-
tuant le v. *faire* au v. *laisser*, et jugez si les phr.
seront françaises avec les mêmes rég. et les mêmes
circ. « Il a fait sa jeune fille sortir... Vous avez
» fait cette malheureuse femme mourir..., etc. »

Encore une preuve, toujours de fait. En mettant un pron. rég. à la place du nom, il sera français
de dire, pour les phr. 420, 421, 422, 423 et 425 : « Il
l'a fait sortir... Il l'a fait mourir... Il l'a fait dormir... Il l'a fait tomber... Il l'a fait croupir. » Mais
pour la phr. 424, avec la plus légère connaissance
de la langue, celle même qui ne s'acquiert que par
l'usage, vous ne pourrez dire : « Il les a fait s'évader, » tandis qu'il n'y aurait rien à reprendre à la
locution : « Il les a laissés s'évader. » Pourquoi
cette différence ? Parce que *faire*, et l'infinitif qui
le suit, forment, pour le sens, un seul et unique
verbe, un v. dont les deux élémens sont inséparables, et qu'en conséquence chacun des deux ne
peut avoir un rég. distinct; car alors ce seraient
deux verbes. C'est le contraire pour *laisser*. Dans

les phr. suiv., vous en verrez où chacun des deux verbes a son rég. dir.

De tout cela on est forcé de conclure qu'il n'y a pas, pour le partic. *laissé*, d'exception à la méthode du n. 27, p. 20, qui est de questionner d'abord sur le second verbe, et que si la réponse va bien sur ce verbe, le partic. *laissé* est invar.; que, dans le cas contraire, il s'accorde avec le rég. dir. qui le précède. C'est aujourd'hui, d'après une meilleure analyse, le sentiment le plus général.

418. Cette fille s'est laissé aller au désordre. — 419. Ramassez les livres que j'ai laissé tomber.

420. Il l'a laissé sortir de la maison. — 421. On l'a laissé mourir d'inanition. — 422. Vous l'avez laissé dormir d'un long sommeil. — 423. Il l'a laissé tomber dans la misère. (Dans ces quatre phr., le rég. est féminin.)

424. Ou les a laissé (les détenus) s'évader de la prison.

425. Vous avez eu pour vos fils une insouciance criminelle : vous les avez laissé croupir dans l'ignorance.

426. Ces hommes se sont laissé battre par des femmes. (Voy., ainsi que pour les phr. 429 et 442, les observations sur les phr. 593 et suiv.)

427. Pourquoi l'a-t-on (cette femme) laissé entrer dans mon cabinet ?

428. Pourquoi l'a-t-on laissé battre son enfant d'une manière aussi barbare ? (La.)

429. Mes fils avaient commis une faute grave : je les ai laissé punir par leur maître.

430. La maîtresse de mes filles était justement irritée contre elles : je l'ai laissé les punir.

431. Je les (mes filles) ai laissé manger des friandises.

432. Je les (mes fils) ai laissé traverser la rivière à la nage.

433. Elles se sont laissé chasser de leurs propres foyers.

434. Je les (eux) laissé boire. — 435. Je les ai laissé dormir. — 436. Je les ai laissé passer quatre jours à la campagne.

437. Je les ai laissé tuer mes pigeons. — 438. Ils se sont laissé tuer sans se défendre.

439. On a pris des espions ; le général les a laissé fusiller. — 440. Le général les a laissé (ses soldats) fusiller les espions.

441. C'est une grande faute qu'il a commis, et qu'on aurait pu prévenir ; pourquoi la lui avoir laissé faire ?

442. Insensée ! tu fuis celui par qui tu t'es laissé charmer.

443. Au lieu d'arrêter cette voleuse, vous l'avez laissé passer.

444. Elle a appelé un médecin qui l'a laissé mourir.

445. Cette maison, que j'ai laissé bâtir trop près de la mienne, m'incommode.

446. Ces enfans se sont laissé déshabiller.

447. Ces lois étaient bonnes : pourquoi les a-t-on laissé tomber dans l'oubli ?

XXXII. *Participe à la suite duquel il y a un verbe sous-entendu.*

Si le verbe que le sens demanderait à la suite du participe, est supprimé par ellipse, c'est une conséquence nécessaire de la règle d'accord, que le participe, dans ces sortes de phrases, ne doit pas changer, puisque le régime direct dépend, non du verbe dont le participe fait partie, mais de l'infi-

nitif sous-ent. On ne peut sous-ent. qu'un v. précédent et peu éloigné.

448. J'ai eu pour lui toutes les complaisances
que j'ai dû. (Que j'ai dû avoir.)

449. Le prince lui a accordé toutes les faveurs
qu'il a pu.

450. J'ai obtenu successivement toutes les places
que j'ai demandé. (Y a-t-il ici un v. sous-entendu?)

451. Caligula souhaitait que tout le peuple Ro-
main fût composé d'une seule tête pour le détruire
d'un seul coup. Cet horrible vœu ne pouvant être
accompli, il a fait aux Romains tous les maux qu'il
a pu.

452. Les enfans de cette dame ont eu pour leur
mère tous les égards, toutes les attentions qu'ils
ont pu.

453. Il a donné à ses enfans toute l'instruction
que lui a permis sa fortune. (Peut-on dire que sa
fortune lui a permis toute l'instruction?)

454. On lui a administré provisoirement tous
les secours que la circonstance a permis.

XXXIII. Persuader, conseiller, *se* figurer, *s'*imaginer.

Ces quatre verbes méritent une mention particulière, non que la règle change à leur égard,
mais parce qu'on peut se tromper sur la nature de
leurs régimes.

Se avec *imaginer* et *figurer* est indirect. *S'imaginer, se figurer,* veulent dire *former à soi l'image,
la figure.*

455. Elle s'est imaginé, elle s'est figuré
qu'elle pourrait réussir. (Qu'est-ce qu'elle s'est
imaginé..... Qu'est-ce qu'elle s'est figuré?.....
R. Cela.—Qu'est-ce à dire, *cela?*..... R. Qu'elle

pourrait réussir. Cette dernière phr. étant l'explication de *cela*, est un complément qui remplace un rég. dir. D'après ce que nous avons dit,
n. 26, p. 25, et en tête du § XXIX, p. 68, la
possibilité de mettre *cela* à la place de la phr.
complémentaire, prouve que le *se* des pronomin.
est indir. C'est un moyen sûr de distinguer l'espèce de rég. dans ces sortes de cas. Le même
moyen s'applique aux complémens formés d'un
infinitif avec *de*. N. 462, 463 et 465.)

456. Ces femmes se sont imaginé que le départ
de leur maître leur laissait une liberté entière.

457. Les Etoliens s'étaient imaginé qu'ils domi-
neraient dans la Grèce.

458. Des modernes se sont imaginé qu'ils sur-
passaient les anciens.

459. C'est une chose fausse que vous vous êtes
imaginé, que vous vous êtes figuré.

(*Conseiller* et *persuader* prennent également,
pour les personnes et pour les choses, des régimes
directs. Ainsi l'on dit : « Conseiller quelque chose
» à quelqu'un, conseiller quelqu'un ; persuader
» quelqu'un d'une chose, persuader quelque chose
» à quelqu'un ; se persuader une chose, se persua-
» der d'une chose. »)

460. Votre mère s'est persuadé que vous étiez
coupable. (Peut-on mettre *cela* à la place de la
phr. *que vous...?*)

461. L'avez-vous (votre mère) persuadé de votre
innocence ?

462. Madame de Maintenon disait : Mes amis
m'ont conseillé de m'adresser à M.... Je vois
qu'ils m'ont mal conseillé. (Même question pour
le premier *conseillé*.)

463. O Athéniens, qu'ils vous ont mal conseillé,
ceux qui vous ont conseillé de faire la paix avec
Philippe !

464. Vous, sa mère, ne l'avez-vous pas (votre fille) persuadé de la justesse de vos observations?

465. Ne lui avez-vous pas persuadé de se taire?

XXXIV. *Se* plaire, *se* déplaire, *se* rire.

Ces v. pronom., qui ont été introduits par l'usage, ne sont pas susceptibles d'une analyse rigoureuse, quant au pronom, qui est employé comme régime. Cependant, comme ce sont des verbes neutres, qui, employés pronominalement, n'ont pas ordinairement de rég. dir. (1); comme d'ailleurs, si le *se* signifie quelque chose, il signifie plutôt *à soi* que *soi*, les partic. de ces v. doivent rester invariables.

466. Elle s'est ri de ma misère (Elle a ri à elle-même, dans le sens de *en elle-même*. Si l'analyse est ici un peu forcée, elle le serait bien davantage, si l'on disait « Elle a ri elle. » On pourrait objecter que cette analyse est contraire au principe que nous avons établi, que lorsque le pronominal a deux rég., un de personnes et un de choses, si l'un est évidemment indir., l'autre est dir., et *vice versâ*, et qu'ici, *de ma misère* étant rég. indir., *se* doit être dir. Mais, d'abord, les deux rég. ne sont pas les mêmes dans cette phr. : l'un est par *de*, et l'autre par *à*. Nous avons vu ces deux sortes de rég. indir. accompagnant le même verbe, n. 28,

---

(1) Il y en a qui en ont. *Douter, prévaloir*, sont neutres, et cependant on dit : *elle s'est doutée, ils se sont prévalus. Se* est employé comme rég. direct. C'est ainsi qu'il est impossible de rendre un compte bien net de certaines locutions. Dans ces cas, on se décide, non d'après une analyse rigoureuse, qu'on ne peut appliquer, mais d'après l'analyse la moins déraisonnable, et d'après l'usage le plus général.

p. 33. En second lieu, c'est un de ces cas dont toutes les langues présentent des exemples, où l'usage généralement reçu fait passer une exception aux règles ordinaires. Nous avons déjà eu l'occasion de remarquer la hardiesse de la langue française dans l'emploi de pronominaux.

467. Elle s'est plu à me tourmenter.

468. Dès que ces deux personnes se sont vues, elles se sont plu. (*Se*, s'explique très bien ici, comme dans « les années se sont succédé », n. 76, p. 52. Ce v. est pronom. réciproque. Supposons que l'une des deux personnes s'appelle Louise, et l'autre, Marie. La phr. signifie : Louise a plu à Marie, et Marie a plu à Louise. *Se*, est donc bien positivement rég. indir. Dans les deux phr. précédentes, il est *empl.* comme indir.)

469. Elles se sont plu à se donner des preuves d'estime et d'amitié.

470. Ils se sont plu à me contrarier.

471. Elles s'étaient plu à me persécuter.

472. Cette jeune personne s'est déplu au couvent. (Ici encore le rég. ind. s'explique très-bien. Se déplaire, c'est déplaire à soi, être à charge à soi-même. Puisqu'on explique bien *se* avec *plaire* et *déplaire* dans certains cas, c'est une raison de plus pour le regarder, par analogie, comme rég. indir. dans ceux où l'explication n'est pas aussi satisfaisante.)

XXXV. *Pronom* le *ou* la, *exprimé par* l', *devant un participe.*

On ne sera pas embarrassé sur l'orthog. du participe dans ce cas, si l'on sait bien distinguer quand on doit traduire *l'* par *le* ou par *la*. Remarquez que ce pronom étant devant un v. actif, le partic. est toujours var. par principe, mais qu'il est sing. m. si c'est *le*, et s. f. si c'est *la*.

Appliquez ici une règle importante de notre langue, c'est que si ce pronom remplace un adjectif, même fém., un nom qualificatif *sans article*, ce qui en fait une espèce d'adj.; ou une phr. entière, c'est *le*, parce qu'il se traduit par *cela*, n. 455. C'est encore *le* suivant l'analyse la plus vulgaire, quand il rempl. un nom masc., avec un sens complet, sans qu'on soit obligé, pour compléter ce sens, d'ajouter au nom mis à la place du pronom, un adj., une qualific., ou autre chose.

Ainsi c'est *le* dans ces phr. . « Je l'ai estimé (cet homme); Madame, êtes-vous malade ?... êtes-vous maîtresse ici?... » — Elle doit répondre pour ces deux dernières phr. : Je le suis, ou je ne le suis pas; car *malade* étant adj., et *maîtresse*, nom qualific. sans article, ce qui revient au même, le pronom veut dire *cela*, s. m., et par conséquent c'est *le*. — « Voulez-vous que nous sortions?... Je le veux bien, c'est-à-dire que nous sortions, et, pour abréger, *cela*. — Ce que vous me dites est étonnant, je n'ose le croire, c'est-à-dire croire ce que vous me dites, et pour abréger, *cela*. »

Mais c'est *la* s'il rempl. un nom f., seul, avec le sens complet : « Je l'ai estimée (cette femme); » un adj. empl. c. nom : « Etes-vous la malade?... Je la suis; » un nom qualific. *avec l'article*, ce qui lui laisse son caractère de nom : « Etes-vous la maîtresse?... Je la suis. »

Ceci bien entendu, l'analyse des phr. suiv. doit devenir facile.

473. La croyez-vous malade?... Elle me l'a paru. (Elle m'a paru malade, ou cela. — *Le*, pron. rem-

plaç. *malade*, adj. de *elle*. — *A paru*, parf. indéf.
n. inv. Il n'y a pas ici de rég. dir., le v. étant n.;
le partic., qui est avec *avoir*, est donc invar. —
Lorsque *le* sera rég. dir., le partic. sera var., mais
s. m.)

474. Elle ne l'est pas.

475. Comme elle est grande! — Oui, elle l'est
devenu depuis un an.

476. Elle n'est pas aussi bonne qu'on me l'avait
dit, et que je l'avais cru. (Avant d'analyser, faites
vos deux ph. séparées, en commençant par la seconde. Vous aurez : « On m'avait dit et j'avais cru
qu'elle était bonne, c'est-à-dire on m'avait dit et
j'avais cru cela, et elle n'est pas aussi bonne. »
C'est donc *le*, rég. dir. — Avec cette attention vous
n'éprouverez pas de difficulté.)

477. Cette femme m'a trompé. Je l'avais cru de
bonne foi. (Ces deux phr. n'étant pas liées, vous
n'avez pas besoin de les transposer comme dans le
numéro précédent. Mais en remplaç. le pronom,
vous aurez : « J'avais cru cette femme de bonne
foi. » *De bonne foi* est une circ. modific., c'est-à-
dire ayant le sens d'un adj., comme s'il y avait
sincère. Or, quand l'adj., ou ce qui le remplace,
est joint au pronom, ce pronom, qui ne remplace
que le nom, seul, est du genre de ce nom. C'est
donc ici *la*, rég. dir.)

478. Cette bataille n'est pas aussi meurtrière
qu'on l'avait d'abord annoncé (Transposez les phr.
comme au n. 476, ainsi qu'aux n. 479, 80, 81 et
83. S'il y a dans la première phr. un adv. de comparaison, comme *aussi*, *plus*, *moins*, etc., ne mettez pas cet adv. dans la seconde dont vous ferez la
première : « Qu'est-ce qu'on avait annoncé?... Que
la bataille était meurtrière; elle ne l'est pas aussi
ou autant ».)

479. La perte n'a pas été aussi grande que vous vous l'étiez figuré.

480. Cette province n'est pas aussi peuplée que nous nous l'étions imaginé.

481. La chose était plus sérieuse que nous l'avions pensé. (Nous n'avons pas pensé la chose ; nous avons pensé que la chose était sérieuse ; elle est plus sérieuse. Suivant le principe du n. 478, ne mettez pas le comparatif dans la phr. dont vous faites la première.)

482. L'affaire était bonne, mais nous l'avions cru meilleure. (Les phr. ne sont liées que par une conjonction logique, et non grammaticale. Ne transposez donc pas, n. 477. « Nous avions cru l'affaire meilleure ». L'adj. est dans la phr. Le pronom ne remplace donc que le nom. Donc c'est *la*, même numéro.)

483. Elle est même devenue meilleure que nous ne l'avions pensé. (Nous avions pensé que l'affaire était bonne, n. 481 ; elle est devenue meilleure, c'est-à-dire plus bonne.)

484. Vous ne connaissez pas cette demoiselle : elle est très gaie, quoique vous l'ayez cru fort sérieuse.

485. On ne s'est jamais écarté de la probité sans se l'être reproché. (On ne se reproche certainement pas la probité : on se reproche de s'être écarté de la probité, c'est-à-dire *cela*.)

486. On n'a jamais fait une faute contre la probité sans se l'être reproché. (Voici un de ces cas rares où l'on pourrait soutenir *le* ou *la*, *la* en le remplaç. par *une faute*, *cette faute*. Mais il est de principe que le pronom *le*, *la*, *les*, remplace un nom déterminé. Si, pour vous rendre compte d'une manière plus satisfaisante, vous mettez *cette faute* au lieu de *une faute*, vous substituez un nom

déterminé à celui qui est indéterminé dans la phr. Il vaut donc mieux analyser : « Sans s'être reproché *d'avoir fait une faute*, c'est-à-dire *cela*.)

487. Cette aventure est arrivée comme je l'avais prévu, comme je l'avais espéré. (Je n'ai pas prévu ou espéré l'aventure : j'ai prévu, espéré qu'elle arriverait de telle ou telle manière. *Comme* est ici conjonction adverbiale (1er degré). Il a pour fonction, non seulement de lier les deux phrases, mais encore d'indiquer la manière dont la chose est arrivée, et c'est sur cette manière que roule tout le sens de la phr. Le pronom ne remplace donc pas un nom seul.

488. L'issue de cette affaire a été telle que je l'avais déclaré. (*Que*, pron. conj. remplaçant *telle*, adj. de *la*, n. 64, p. 51.)

489. Cette action, sous quelque rapport que vous l'ayez envisagé, a toujours dû vous paraître blâmable.

490. Cette personne, dans quelqu'endroit que vous l'ayez vu, de quelque distance que vous l'ayez aperçu, de quelque côté que vous l'ayez suivi....

491. La paix n'est pas faite, comme on nous l'avait assuré. (On ne nous a pas assuré la paix : on nous a assuré que la paix était faite.)

492. Voilà une paix faite comme nous l'avons souhaité. (Nous n'avons pas souhaité une paix quelconque : nous avons souhaité qu'elle fût faite de telle manière. *Comme* a ici le même sens qu'au n. 487.)

493. Il épouse une femme riche, comme il l'a toujours desiré. (Qu'est-ce qu'il a désiré?... Non pas *telle femme*; car le pron. déterminé *le*, *la*, ne peut remplacer une femme, annoncée d'une manière indéterminée, v. 485. De plus, ce n'est pas

(91)

seulement une femme qu'il a désirée : c'est une
femme riche. Ainsi vous ne pouvez remplacer le
pronom par un nom seul, note en tête du prés. §.
Il est donc plus logique de le remplacer par *cela*,
expression abrégée de *épouser une femme riche*.)

494. Il épouse une femme telle qu'il l'a toujours
désiré. (*Que*, pron. rempl.... n. 64, p. 51.)

495. Elle a eu une fille, comme elle l'a bien
longtemps souhaité. (Comme au n. 493. Tout le
sens de la phr. roule, non sur un enfant déterminé, mais sur la qualité, c'est-à-dire ici, sur le
sexe de l'enfant.)

496. On l'a regardé longtemps comme riche ;
mais elle n'est pas ce qu'on l'avait cru. (*Ce*, qual.
de *elle.* — *Que*, pron. conj. rempl. *ce*, qualific. de
la. On avait cru elle cela.)

497. Ma sœur est toujours la même que je l'ai
connu. N. 355.

XXXVI. Gens, *suivi d'un participe.*

On a vu, dans les *Phrases* du 1ᵉʳ degré, que
l'adj. qui précède le mot *gens* se met au féminin.
S'il y a un autre adj., ou un partic. après, ils ne
se mettent pas moins au masc., et même quand ils
sont avant, si c'est par inversion.

498. En quelle erreur certaines gens ne sont-
ils pas tombé ! (ou) en quelle erreur ne sont pas
tombé certaines gens !

499. Certaines gens, habitués à voir des préci-
pices partout, se sont amusé à croire que le sol
sur lequel nous marchons, n'est pas encore bien
affermi.

XXXVII. *Adverbes de quantité.* — *Pronom en.*

Nous avons déjà fait remarquer, n. 8, p. 46,

que les adv. de quant. s'analysent comme adjectifs, quant à l'orthographe du participe. En conséquence, ce partic. s'accorde avec le nom, lorsque
ce nom est rég. dir., et placé avant le verbe.

Traduisez donc l'adv. de quantité par l'adj. qui
en donne le sens : vous n'aurez plus affaire qu'au
nom, et vous verrez clairement s'il faut changer
le partic. Ainsi, dans le n. 500, remplacez *du peu
d'affaires*, par *des quelques affaires* (en supposant
que cette dernière locution soit française). *Que*,
remplaç. *quelques affaires*, est évidemment rég.
dir., et par conséquent fera changer *vu*. N. 501,
combien de gloire : traduisez par *quelle grande
gloire*. Par cette transformation, vous faites votre
phr. semblable à celle du n. 46, p. 23, et vous
rentrez dans l'analyse indiquée par ce numéro et
par le n. 48. *Que d'hommes,* 503 : quels hommes
nombreux. Le même principe s'applique aux noms
collectifs. *Quelle quantité de pierres,* 506; *quelle
foule de beautés,* 507 : quelles pierres nombreuses,
quelles beautés nombreuses. C'est une syllepse.
Les vrais rég. sont grammaticalement, *quantité* et
foule; mais on analyse d'après le sens plutôt que
d'après la lettre.

Le pronom *en* est un petit mot invar., qui occupe peu de place dans la phr., qui est presque
toujours rég. indir., qui en a la forme lors même
qu'il est direct, et qui dans ce cas est indéterminé,
comme un nom avec *de*, § VI, p. 13 : *J'en ai mangé,*
n° 509, ne signifie pas la même chose que *je les ai
mangés,* quoique *en* soit rég. dir. aussi bien que
les. Par toutes ces raisons, *en* rég. dir., et *seul
avant le verbe*, ne fait pas changer le participe.
C'est la seule exception que l'usage ait consacrée
sur la variab. du partic. précédé d'un rég. dir. Mais
s'il y a, aussi avant le verbe, un adv. de quantité,

ou un adjectif se rapportant à *en*, la règle reprend son empire. Ainsi, dans le second vers du n° 508, le rég. dir. est *combien en*, signifiant *quels nombreux périls*. Aussi le partic. qui suit, est var. pl. m. — Si l'on dit « j'en ai mangé beaucoup, l'adv. de quantité étant après le verbe, on analyse après ce v., *en beaucoup* pour *beaucoup de fruits*, rég. dir., et le partic. est invar. Si l'on a « j'en ai beaucoup mangé », on dit avant le v. *en beaucoup* pour *beaucoup de fruits*, rég. dir., et le partic. est var. pl. m.

500. J'ai été content du peu d'affaires que j'ai fait.

501. Combien de gloire ce héros a acquis en quelques années! — Combien d'autres héros fameux il a surpassé!

502. Que de valeur il a montré dans trente combats!

503. Que d'hommes on a sacrifié!

504. Combien de projets a-t-il fait ou réformé!

505. Combien d'ouvertures a-t-il donné! — Combien de services a-t-il rendu!

506. Quelle quantité de pierres on a entassé!

507. Quelle foule de beautés nous avons vu!

508. Quels périls pour Louis n'a-t-il pas affronté!
Combien, pour nous venger, en a-t-il surmonté!

509. Les fruits sont excellens; j'en ai mangé.

510. Que de personnes nous avons rencontré!

511. Combien de fautes n'avez-vous pas fait par votre obstination!

512. Combien de victoires l'armée française n'a-t-elle pas remporté!

513. Que de personnes vous ont blâmé!

514. Combien de gens ont ambitionné votre sort!

515. Que d'ennemis ont cherché à vous nuire!

(94)

516. J'ai tiré du profit du peu de livres que j'ai lu.

517. Vous auriez pu éviter le peu de fautes que vous avez fait.

518. Voltaire a fait plus d'ouvrages que vous n'en avez lu. (Que vous n'avez lu d'ouvrages. *Que* est conjonction, liant la comparaison. *D'ouvrages*, en laissant le *que*, a la forme d'un rég. indir. Il est dir., en isolant la ph., et en ôtant *que* : « Vous avez lu des ouvrages ». Mais en le regardant même comme dir., d'après le principe en tête de ce §, il ne fait pas changer le partic., qui reste invar. dans toutes les phr. ainsi construites, 519, 21, 22, 24, et 61.)

519. Il m'a promis plus de services qu'il ne m'en a rendu.

520. Avez-vous vu des vaisseaux ? Oui, j'en ai vu.

521. Louis XIV a fait plus d'exploits que les autres n'en ont lu.

522. Vous avez plus de richesses que je ne vous en ai donné.

523. Il y a beaucoup plus de médailles frappées à la gloire des princes qui ont réparé les édifices publics, qu'à l'honneur de ceux qui en ont fondé de nouveaux.

Le rég. dir. est en deux parties, dont la première, *en*, est seule avant le v. Analysez donc le tout après le v. *En de nouveaux*, pour des édifices nouveaux, rég. dir. Note sur *en*, en tête de ce §.)

524. J.B. Rousseau a fait plus de cantates qu'on n'en a mis en musique.

525. J'ai été frappé du peu de mots qu'il a prononcés.

526. Cet élève a beaucoup profité pour le peu de leçons qu'il a reçu.

On trouve dans *Vertot* :

527 Je ne vous parlerai pas du peu d'expérience que j'ai acquise dans les armées.

Dans le *Vocabulaire français* :

528. Ne pas écrire correctement, c'est dévoiler son ignorance, et le peu d'instruction qu'on a reçu.

Dans *Le Sage* :

529. Il lui reproche le peu de confiance qu'il avait eu en lui. (Dans la phr. 527, celui qui parle, veut dire qu'il a de l'expérience. C'est par modestie qu'il dit *du peu d'expérience*, c. à. d. de quelque expérience. *Le peu de* a un sens positif. Il a au contraire un sens négatif dans les phr. 528 et 529. *Le peu* signifie *le manque* ; on reproche à un homme de n'avoir pas d'instruction, pas de confiance. C'est pour adoucir la forme du reproche qu'on dit *le peu* au lieu de dire *le manque*. L'idée principale tombe donc sur *le peu*; on ferait un contresens eu rapportant le *que* à *instruction* et à *confiance*. Analysez séparément : *le peu* pour *le manque*, rég. dir. — *L'instruction*, rég. de *peu*. — *Que*, pron. conj. rempl. *le peu*, rég. dir. de *a reçu*... — *Du peu d'expérience*, pour *de quelque expérience*, rég. ind. — *Que*.... remplaç. *expérience*, rég. dir. de *ai acquise*...

Cette distinction, très importante, n'a lieu que dans le cas où le nom qui suit *le peu*, est au sing.; elle ne se fait pas pour le pl., n. 516, 17, 26, 48, 50, 51, 52 et 53.

530. Le peu de patience que vous avez eu, vous a empêché de réussir.

531. Le peu de peine que cette perte vous a fait, a porté à croire que vous n'y étiez pas sensible.

532. Le peu d'application que vous avez mis à vos devoirs, a nui à vos progrès.

533. Le peu d'exactitude que j'ai trouvé dans cet ouvrage, m'a prévenu contre son auteur.

534. O mer trompeuse! combien d'hommes tu as séduit! combien tu en as dévoré!

535. Et de ce peu de jours si long-temps attendus,
    Ah! malheureux! combien j'en ai déjà perdu!
536.   Belle leçon pour les gens chiches:
    Pendant ces derniers temps combien en a-t-on vu
    Qui, du soir au matin, sont pauvres devenu,
      Pour vouloir trop tôt être riches!

537. J'en ai beaucoup vu, qui, poussés à bout sur cette matière, etc.

538. Je lui avais remis six lettres. Il m'en a rapporté quatre (N. 523).

539. Vous m'avez demandé des livres : je vous en ai prêté autant que vous en avez désiré (*en autant*, pour autant de livres. *Ibidem*).

540. Voulez-vous des plumes? j'en ai acheté qui sont très bonnes.

541. Vous m'aviez promis des pêches, et vous ne m'en avez pas donné.

542. Cherchez un roi qui n'en ai point fait (des fautes) d'inexcusables (*Ibid*).

543. J'en ai trouvé (des enfans), dont les yeux étaient inégaux, au point de ne pouvoir distinguer à quatre pieds.

544. M. de la Salle en a vu (des chevaux) dans l'Amérique septentrionale.

545. J'en ai vu quatorze (éditions de Télémaque) en langue anglaise.

546. Baléazar est aimé des peuples : en possédant les cœurs, il possède plus de trésors que son père n'en avait amassé par son avarice cruelle.

547. Puis-je exiger qu'il ait pitié d'une popu-

lace furieuse qui n'en a point eu de son innocence?

548. C'est au peu de livres que j'ai lu , que je dois le peu de science que j'ai acquis.

549. Le peu de bonne foi que vous avez montré, vous a valu la perte de toute confiance.

550. Elle regagne par une course rapide le peu de momens qu'elle a perdu.

551. C'est au peu d'égards que vous avez eu pour cet étranger, qu'il faut attribuer son brusque départ.

552. Qui peut concevoir le peu d'efforts que vous avez fait pour mettre au jour votre innocence?

553. Vous devez votre infortune au peu de précautions que vous avez pris pour vous en garantir.

554. On s'est moqué d'eux sans qu'ils s'en soient douté. (Note 1, p. 85.)

555. Et sur le même trône on me verrait placée
    Par le même tyran qui m'en aurait chassée.
556. Votre père et les rois qui les ont devancé,
    Sitôt qu'ils y montaient , s'en sont vu renversé.

557. Ma fille a cueilli des fleurs; elle s'en est placé dans les cheveux ; elle s'en est orné la tête.

558. Si certains états se sont épuisé, usé, anéanti par la mollesse, combien n'en a-t-on pas vu d'autres que le malheur a comme retrempé et fortifié !

559. Confucius, en parlant des hommes, a dit : J'en ai vu qui étaient peu propres aux sciences ; mais je n'en ai point vu qui fussent incapables de vertus.

560. La crainte de faire des ingrats , ou le déplaisir d'en avoir trouvé , ne l'a jamais empêché de faire du bien.

561. Les Russes ont fait plus de progrès en cinquante ans , qu'aucune nation n'en avait fait par elle-même en cinq cents ans.

XXXVIII. Un des, *suivi d'un participe.*

562. C'est un des meilleurs écoliers que j'aie eu dans ma classe. (Faut-il *eu* ou *eus* ? C. à. d. en d'autres termes, le pron. *que* remplace-t-il *un*, ou *des écoliers* ?)

C'est ici une analyse toute logique. Pour la bien faire, il faut savoir distinguer les *phrases détermi-natives* et les *phr. circonstancielles*, dont nous parlons dans notre 3ᵉ degré. La phr. determin. est celle qui est nécessaire pour déterminer l'objet remplacé par *qui* ou *que*. Telle est cette phr. : « L'homme que j'ai rencontré ce matin, est mon meilleur ami. » Si je supprime la phr. du *que*, en disant seulement « l'homme est mon meilleur ami, » on ne saura pas de quel homme je veux parler. Qu'à la place de *l'homme*, je mette *Pierre*, la phr. du *que* devient circonstancielle, c. à d. que je puis l'ajouter *utilement* s'il est bon que je mentionne la circonstance de ma rencontre, mais quelle n'est pas *nécessaire* pour faire connaître de quel homme je parle, puisque je le détermine suffisamment par son nom. Aussi, en lisant bien, on ne s'arrêtera pas sur *l'homme*, et l'on prononcera la phrase du *que* immédiatement, au lieu que s'il y a *Pierre*, on fera un petit repos sur ce nom. Et comme l'art de bien lire est le même que celui de bien ponc-tuer, on marquera ce repos dans l'écriture, par une virgule après *Pierre*, tandis qu'on n'en mettra pas après *l'homme*.

Appliquant ces principes à notre phr. 562, j'exa-mine si la phr. *c'est un des meilleurs écoliers*, fait seule un sens complet. Non. Elle ne détermine pas de quels écoliers on parle, à qui, à quel collége, à quel pays, etc., ils appartiennent. La phr. du *que* est donc nécessaire pour donner une idée précise des écoliers. *Que* remplace donc ce nom pl.

Autre règle de logique. Suivez la méthode de transposition indiquée pour *le*, p. 88, vous aurez : « J'ai eu dans ma classe de bons écoliers, et celui-là est un des meilleurs. » Nouvelle preuve que le pronom *que* remplace *des écoliers*.

A ces règles de logique, qui peuvent échapper à l'élève non exercé à l'analyse du 3e. deg., ajoutons-en de grammaticales, plus à sa portée.

D'abord, l'absence de la virgule dans un livre bien ponctué, entre le nom pl. et *que*, prouve, d'après ce que nous venons de dire, que le pron. remplace ce nom.

En second lieu, dans cette construction, il y a toujours un superlatif rel. Or, après ce superl., on met au subjonctif le verbe qui suit le pronom conjonctif remplaç. le nom dont le superl. est l'adjectif. On dit : « C'est un très bon conseil qu'il vous *a donné* »; mais, si au lieu du superl. absolu, on a le superl. rel., il faudra dire : « C'est le meilleur conseil qu'il vous *ait donné*. » Puisqu'au n. 562, il y a le subj. dans la phr. du *que*, il en résulte que ce pron. remplace le nom qui a le superl. relat. pour adj.

563. Un des meilleurs écoliers de l'université, que j'ai eu dans ma classe, a remporté quatre prix. (J'ai eu dans ma classe un des meilleurs écoliers de l'Université, et il a remporté quatre prix. — Vous voyez par le sens, que le pron. *que* remplace *un*. Cet écolier est suffisamment déterminé par le rég. du superl. *de l'Université :* aussi, il y a une virgule avant *que*, et le verbe qui suit ce pron. est à l'indicatif.

564. Un des plus célèbres médecins que nous ayons consulté, ne nous a laissé aucune *espérance*.

565. Un des plus célèbres médecins de Paris, que nous avons consulté, nous a laissé espérer que le malade guérira.

566. Un des meilleurs amis que vous ayez eu, ou du moins que vous ayez cru avoir, vous a trompé.

567. Un de vos meilleurs amis, que j'ai rencontré ce matin, m'a dit que vous avez été indisposé.

568. Une des plus belles éditions de Voltaire que nous ayons eu, présente encore beaucoup d'incorrections.

569. Une des plus belles éditions de Voltaire, qu'on nous a prêté pendant notre séjour à la campagne, nous a fourni d'agréables lectures.

570. Un des plus grands bienfaits qu'il nous aura procuré, ce sera la paix. (Il n'y a pas de subjonctif pour le futur antérieur. Mais la phr. signifie que cet homme nous a procuré plusieurs bienfaits, et que la paix est le plus grand de ces bienfaits.)

571. Un de ses plus grands bienfaits, qu'il nous aura procuré par son énergie, ce sera notre indépendance politique.

572. C'est la plus belle des actions qu'il a fait. (Un grammairien propose cette même phr. en mettant *qu'il ait faite*, le subj., et le partic. au s. f. Mais cette phr. n'est pas correcte. Il faut dire : « C'est une des plus belles actions qu'il ait faites, » ou, si l'on veut donner un sens plus affirmatif à la phr. « C'est la plus belle action qu'il ait faite, *ou bien*, c'est la plus belle des actions qu'il a faites. » S'il y a *des actions*, *que* remplace nécessairement ce nom : « Il a fait plusieurs belles actions, et celle-ci est la plus belle de toutes. » Mais *des actions* étant sans adj. au superl., il ne faut pas de subjonctif.

XXXIX. Ainsi que, de même que, plus que, etc., *suivis d'un participe.*

573. Dans toutes ses actions, c'est le bonheur public, plutôt que sa gloire, qu'il s'est proposé. — (*Que* remplace le *bonheur public.* On ferait un contre-sens en le rapportant à *sa gloire. Plutôt que sa gloire* est une circonstance incidente que l'on pourrait retrancher, ou mettre après le verbe, sans nuire à la construction grammaticale. *Voy.* l'analyse du 3ᵉ degré.)

574. Les destinées de l'homme, ainsi que l'homme lui-même, se sont trouvé réglé. (*Les destinées* se sont trouvé réglé, ainsi que...)

575. C'est moins sa félicité, que le bonheur du peuple, qu'il a eu en vue.

576. Un auteur nous dit que c'est un livre utile, et non pas une satire, qu'il a composé. Mais lisez l'ouvrage : vous vous convaincrez que c'est une vraie satire, et non un bon livre, qu'il a composé.

577. C'est sa fille, aussi bien que ses fils, qu'il a déshérité.

XL. *Participes* compris, attendu, passé, etc.

Les participes *compris, attendu, passé, supposé, vu, joint, etc.*, placés avant le nom auquel ils se rapportent, sont invariables. Dans ce cas, on les analyse en disant ce qu'ils sont, partic. passifs ou neutres, et en ajoutant *empl. c. prépositions.* Le nom qui les suit, est dit *rég. de la prép.*

578. Il a dix mille livres de revenu, y compris les profits de sa charge, non compris la maison où il loge.

579. Je pars à l'instant, attendu l'heure qui s'avance.

580. Je ne pourrai vous attendre passé huit heures.

581. Nous nous déciderons à ce parti, supposé les cas prévus.

582. Vu sa réponse, je me rends. — Ci-joint, vous trouverez ma facture. — Vous trouverez ma facture ci-jointe.

C'est ainsi que le participe *excepté*, employé de même, a fini par être appelé préposition. — *Été*, partic. du verbe *être* (si toutefois on peut l'appeler partic.; car il n'est jamais employé seul), est toujours invar. Les partic. des verbes qui sont neutres, qui se conjuguent toujours avec *avoir*, et qui ne s'emploient jamais comme pronomin., sont également invar., sauf quelques-uns en très petit nombre, comme *un maître obéi* (passif, quoique *obéir* soit n.), *Une personne moquée, voix muées, oiseaux mués, eau croupie* (de même). C'est une exception à la règle qui veut que les partic. passifs, et ceux des v. n. conjugués avec *être*, puissent seuls être employés comme adjectifs : *une personne aimée, une femme tombée, arrivée, partie*, etc., n. 14, p. 18.

XLI. *Participes*, plaint, craint, etc.

Quelques grammairiens conseillent de ne point faire accorder, malgré la règle, les partic. *craint, contraint, plaint, trait*, soit parce qu'ils forment au féminin un son peu agréable, soit parce que ce féminin ressemble aux noms *plainte, crainte, contrainte, traite*. Si cette dernière raison était bonne, il en résulterait qu'on ne devrait jamais employer des mots qui ressembleraient à d'autres pris dans une signification différente. Quant à la première, nous convenons que l'on doit avoir beaucoup d'égards pour l'euphonie. Mais il ne faut rien moins que l'usage le plus général pour autoriser à violer

une règle aussi formelle que celle de l'accord des
partic. avec le rég. dir. qui les précède. Or nous
avons vu qu'il n'y a d'exception admise que pour
le pron. *en*. Parce que l'imparfait du subjonctif en
asse, dans certains verbes, est dur, on n'en ferait
pas moins une faute contre la langue, si l'on met-
tait le présent subjonctif quand il faut l'imparfait.
Dans ce cas, il faut tourner la phrase autrement.
De même, si l'oreille est choquée de ces phrases :
« Je l'ai (une femme) plainte de tout mon cœur ;
» C'est une chose que j'ai crainte ; Quant aux chè-
» vres, les a-t-on traites ? cela n'autorise pas à dire :
» Je l'ai plaint, C'est une chose que j'ai craint ; Les
a-t-on trait ? » Il faudrait construire ces phrases de
manière que l'on ne fût pas obligé d'employer
ainsi ces participes. Quant au pluriel masculin, pas
de difficulté. On dit fort bien : « Les hommes que
j'ai plaints, que j'ai craints, que j'ai contraints. »

XLII. Quelque chose, *suivi d'un participe*.

Quelque chose, signifiant d'une manière indéterminée, un certain objet, une certaine chose, est
masculin, et considéré comme un seul mot. Lorsqu'il exprime la nature d'une chose, il est féminin,
et forme deux mots.

583. Quelque chose qu'il a fait, et qui est fort
plaisant, l'a tiré d'affaire.

584. Quelque chose que votre sœur a confié à
son ami, nous a beaucoup inquiété.

585. Quelque chose qu'il ait fait, qu'il en fasse
l'aveu, je suis prêt à la lui pardonner. (C'est dans
le sens de *quelle que soit la nature de la chose qu'il
a faite*.)

XLIII. *Participes devant lesquels* Que *paraît faussement régime*.

Relisez avec attention la note 3° sur les conséquences des deux règles des partic., la phr. citée, et l'analyse que nous en avons faite, p. 44. Cette analyse s'applique à toutes les phr. du prés. §.

586. Qu'avez-vous fait pendant les deux ans que cette affaire a traîné en longueur ?

587. Que de bien n'a-t-il pas fait pendant le peu de jours qu'il a vécu !

588. Pendant le grand nombre d'années qu'a duré la guerre, la nation est devenu toute militaire.

589. De la façon que j'ai raconté la chose, on a dû m'entendre. *Ai raconté* a pour rég. dir. *la chose. Que* n'est donc point un régime : il est pour *dont* ou *de laquelle*, et circ. de manière. Il serait même plus correct de dire : *De la façon* ou *de la manière dont j'ai raconté la chose.*)

XLIV. *Participes* coûté et valu.

La plupart des grammairiens veulent que ces participes soient toujours invariables, parce que, disent-ils, les verbes *coûter* et *valoir* sont neutres; et la preuve qu'ils sont neutres, c'est qu'ils n'ont pas de passifs, puisqu'on ne dit pas *je suis coûté, je suis valu.* Il est vrai qu'il n'y a guère de verbe actif qui n'ait son passif, ni de passif qui n'ait son actif. Cependant *obéir* est neutre; et le passif *être obéi* est très français. Le passif *être moqué* se dit, et l'actif *moquer* ne se dit pas, mais seulement le pronominal *se moquer.* L'Académie dit que *valoir* signifiant *procurer, faire obtenir, produire*, est actif. D'après cette autorité, nul doute que le participe de *valoir*, employé dans ce sens, ne doive suivre la règle ordinaire de l'accord. N. 9, p. 35.

590. Tels sont les honneurs que m'a valu mon habit. — Cet ouvrage vaut vingt-cinq fr. (Faites attention au sens de *valoir* dans ces deux phr.)

5g1. Les succès que lui ont valu son courage et son habileté.

Avez-vous été témoin de la scène qui lui a valu sa mauvaise foi?

Il n'en est pas de même de *coûter*. Ce verbe est regardé par l'Académie comme neutre dans toutes ses significations; il se conjugue toujours avec *avoir*; il n'est jamais employé pronominalement. Il ne doit donc jamais, d'après la note du n. 582, suivre la règle de l'accord.

Cependant il semble quelquefois être employé comme actif. Dans cette phrase : « Ce caprice lui a coûté un long repentir, » *un long repentir* a l'air d'un rég. dir... Il ne l'est pas plus que *trente mille francs*, dans « Cette maison lui a coûté trente mille francs. » *Coûter*, signifie être acheté. On a d'abord employé ce verbe avec un adverbe, comme peuvent s'employer tous les verbes neutres. «Ceci coûte *peu, beaucoup, cher* pour *chèrement*. » Ensuite on a mis par extension la valeur de l'objet à la place de l'adverbe. « Ceci coûte deux francs. » C'est une phrase elliptique, qui signifie : «Ceci est acheté pour deux francs. » Si nous avions des cas en français, l'expression *deux francs*, ne se mettrait pas plus à l'accusatif qu'elle ne s'y met en latin après *constare*, d'où vient le verbe *coûter*.

Si l'on ne peut soutenir que ce verbe est actif dans ce sens, on ne peut pas plus le dire actif dans la phrase précitée, *ce caprice* etc. En effet, dans cette dernière phrase, l'expression est figurée; mais elle est employée dans une signification tout-à-fait analogue à celle de la phrase *ce livre.*—*Ce caprice lui a coûté un long repentir*, signifie *ce caprice a été acheté par lui au prix d'un long repentir*; comme *Ce livre coûte deux francs*, signifie *ce livre a été acheté au prix de deux francs.*

Valoir, au contraire, est employé dans deux sens très différens. On ne peut comparer la phr. *cet ouvrage m'a valu* (c'est-à-dire *m'a procuré*) *de la considération*, à cette autre : *cet ouvrage vaut mille francs*, c'est à-dire *a une valeur de…*

Concluons de cette analyse que le participe de *valoir* signifiant *être au prix de…* est invar. ; qu'il est var. quand *valoir* signifie *procurer*, *produire*; que *coûter* etant toujours neutre, son partic. doit être toujours invar., malgré ces deux vers, qui ne peuvent être regardés que comme une licence :

> Après tous les ennuis que ce jour m'a coûtés,
> Ai-je pu rassurer mes esprits agités ?

Beaucoup de personnes changent actuellement le partic. *coûté.* D'après la véritable analyse, c'est une faute, mais une faute qu'il faudra bien faire quand tous les bons écrivains la feront, et si l'Académie l'adopte. Car, dans les langues, l'usage est le plus absolu des maîtres.

XLV. *Participes suivis d'un infinitif actif employé dans le sens du passif.*

Nous revenons sur les rég. dir. suivis de deux verbes, parce qu'un grammairien moderne a prétendu que dans cette phr. « Je l'ai vu (une femme) voler par des brigands, » il faut écrire *vue*. Son motif est que *voler* signifie *être volée*, et que par conséquent *la* est rég. de *ai vu*. Son explication de l'infin. act. *voler* est juste; mais la conséquence qu'il en tire, est fausse dans l'usage de notre langue, et elle n'a pas été adoptée. Dans « Je l'ai vu voler, » sans rég. avec *par*, l'infinitif a également le sens du passif, si ce n'est pas la femme qui vole. Tous ceux qui savent l'anal. des partic., et notre grammairien lui-même, n'en écrivent pas moins *vu*, parce qu'on explique cette phr., sans recourir à la construction latine, en disant «J'ai vu qu'on volait elle. » Si l'on écrivait « Je l'ai vue voler, » cela signifierait que c'est elle qui volait. Le rég. avec *par* ne change ni le sens ni la construction de la phr., et ne peut influer sur l'orthog. du partic. Si cette règle nouvelle était bonne, il faudrait, pour être conséquent, faire accorder le partic. toutes les fois que l'infin. act. peut être tourné par le passif, ce qui est contraire à l'usage général.

593. Cette femme, je l'ai vu voler par des brigands. Phr. 356, 426, 429 et 442.

594. Elle s'est vu piller par ses propres parens.

595. Elle s'était senti lécher par un chien.

596. Elle s'était senti lécher la main par un chien.

597. Je n'ai pas ma pendule : je l'ai envoyé raccommoder. (phr. citée par le même grammairien, et dans laquelle, sous prétexte que *raccommoder* signifie *pour être raccommodée*, il prétend que l'orthog du partic. doit être différente de celle de la phr. suiv. Mais ce n'est pas la peine de faire une exception pour une phr. peu régulière, et qui n'est bonne que pour la conversation. Qu'est-ce qu'on raccommode ?...)

598. Je l'ai envoyé chercher (la pendule).

XLVI. *Exercices sur les participes présens.*

La règle est simple : si le mot en *ant* est un vrai partic., c.-à-d. s'il a la nature du verbe, il est invar. Il est var., si ce mot n'est qu'un adjectif.

Toute la difficulté est donc de distinguer s'il doit être rangé dans la classe des verbes ou dans celle des adjectifs.

S'il exprime une action ou un état, c'est un verbe. On peut le tranformer en un des temps du même verbe , précédé de *qui*. *Je l'ai vu causant*, peut se traduire : je l'ai vu *qui causait*. On ne pourrait pas mettre l'adverbe *très* devant. Ainsi l'on ne pourrait dire : je l'ai vu *très causant*.

Si, au contraire, il exprime une qualité, c'est un adjectif. Comme tout adj. prend le superlatif, on peut mettre devant, l'adverbe *très*, qui exprime ce degré suprême. *Un homme obligeant, un homme très obligeant.* Si l'on traduisait ces mots par ceux-ci : *un homme qui oblige*, on ne rendrait pas la même idée. On énoncerait un fait, et non une qualité. On pourrait mettre devant obligeant *qui est ;* car tout adjectif doit pouvoir être précédé du verbe *être*, qui lie l'attribut au sujet.

599. Les personnes mangeant et buvant bien , doivent travailler de même.

600. Les hommes agissans et sobres sont moins dépendans que les autres.

601. Les hommes, en agissant bien, s'assurent le bonheur.

602. Les hommes pensant et agissant avec loyauté, sont rares.

603. C'est une femme douce et prévenante.

604. C'est une femme douce, prévenant tout le monde.

605. Cette femme, dormant d'un profond sommeil, n'a rien entendu.

606. C'est une eau dormante.

607. Ces personnes, prévoyant le danger qui les menaçait, se sont prudemment mises à l'écart.

608. Ces personnes prévoyantes ont pris leurs précautions.

609. J'ai vu vos frères travaillant avec beaucoup de courage.

610. Votre mère est une personne obligeant les malheureux. — Elle est très obligeante.

611. On a donné une pièce fort intéressante, que j'ai voulu voir jusqu'à la fin.

612. La pièce nous intéressant beaucoup, nous sommes restés jusqu'à la fin.

613. Elle est venue pleurant, gémissant; elle s'est retirée enrageant, fulminant.

.614. J'ai vu des enfans jouant, badinant, causant, griffonnant.

Dans le style de procédure, où l'on conserve les vieilles locutions, on dit : « La cour de justice séante au palais, une requête tendante à ce que, une maison dépendante d'une autre, une ferme appartenante à ». Ce sont des fautes que le temps corrigera. Les gens de justice sentiront que leurs actes ne seront pas nuls pour être en bon français. Il y a en outre d'anciennes locutions que l'usage a consacrées, comme il consacre de vieux proverbes : « Des propositions mal sonnantes, des corps gissans sur l'herbe. » On trouve aussi de nombreuses licences à cet égard dans les poètes, qui ont fait accorder beaucoup de mots en *ant*, que l'on ne peut guère expliquer que comme des verbes, et non comme des adjectifs. On se trompera peu en suivant la méthode que nous avons donnée pour distinguer un adjectif verbal d'un vrai participe présent.

Nota. La première partie de ces exercices contient 624 phrases à analyser en second degré. La seconde, qui est l'application de la même analyse aux participes, en contient 614. Total, 1238.

TABLE DES MATIÈRES.

FIN

www.ingramcontent.com/pod-product-compliance
Lightning Source LLC
LaVergne TN
LVHW020543060726
842525LV00004B/1281